HEYNE
BÜCHER

Erika Berger

KÖRPER-SPRACHE DER EROTIK

WILHELM HEYNE VERLAG
MÜNCHEN

HEYNE RATGEBER
08 / 9440

Genehmigte Taschenbuchausgabe erschienen
im Wilhelm Heyne Verlag GmbH & Co. KG, München
Printed in Germany 1993
Umschlaggestaltung: Atelier Adolf Bachmann, Reischach
Umschlagillustration: Comstock, Berlin
Innenfotos: Jochen Harder, München
Modell: Daniela Orbner, Israel
Satz: Kort Satz GmbH, München
Druck und Bindung: Presse-Druck Augsburg

ISBN 3-453-06060-1

Inhalt

Einleitung

Da bin ich ganz sicher – Sie kennen sie auch, diese Situation: die schwierigen Momente des Anbandelns. Man glaubt es zu spüren – die Atmosphäre knistert vor Erotik; und doch weiß man nicht so recht, woran man denn nun bei dem Gegenüber ist, dem augenblicklich die ganze erregte eigene Aufmerksamkeit gilt: Wartet diese Frau (dieser Mann) nur auf das ›erlösende Wort‹, auf das Startsignal, um sich selbst aus der Reserve herauswagen zu können? Oder hat man vielleicht den Blickkontakt, das spielerische Wortgeplänkel, die zufällige Berührung von Hand und Arm falsch gedeutet – und läuft dann möglicherweise mit einem unverhohlenen Geständnis glatt ins offene Messer?

Wer sich mit der Preisgabe seiner Gefühle und Wünsche unvorsichtig weit vorwagt, riskiert es, sich zu blamieren und lächerlich zu machen. Wer andererseits vor lauter Unsicherheit die Gunst der Stunde versäumt (und damit einem möglichen Partner unbeabsichtigt zu verstehen gibt, daß er nicht in das Spiel zu zweit einsteigen möchte), dem entwischt das flinke Glück vielleicht auf Nimmerwiedersehen.

Das Geheimnis des Erfolges und die Lösung des Rätsels liegen darin begründet, daß in den entscheidenden Momenten der Liebe Worte ihre Bedeutung verloren haben. Entweder werden überhaupt keine Worte gewechselt, oder das Gesagte läuft nur auf einer für das eigentliche Geschehen unwichtigen oberflächlichen Ebene ab. Die Botschaften, auf die es ankommt, werden durch eine Vielzahl geheimer Körpersignale übermittelt, durch Blicke, Körperstellungen, Kopf-, Hand- und Beinhaltungen, durch Berührungen, Minimalgesten und mimische Nuancen – und *die* sagen dann: »Wie wär's?«, »Du gefällst mir«, »Trau dich doch!«, »Vielleicht...« – oder aber: »Kein Interesse!«, »Laß mich in Ruhe!«

Aber nicht nur die Ouvertüre der Liebe bedient sich solcher ›Geheimcodes‹ der nonverbalen Kommunikation; all die Abläufe und Rituale des Mit- und Gegeneinanders im Spiel der Geschlechter bis hin zum eigentlichen Ziel der Wünsche und darüber hinaus sind wesentlich bestimmt durch rein körperliche ›Aussagen‹, in denen sich ein Mensch in seinen Eigenheiten offenbart und dem anderen mitteilt, was sich *so* in Worte nicht kleiden läßt.

Die französische Psychologin Claude Bonnafont faßt allein das räumliche Agieren beim Liebeswerben, bei Annahme und Abweisung folgendermaßen zusammen:

»Gesten, Haltungen und Wahl des Standortes im Raum veranschaulichen in unzähligen Variationen, in ewiger Wiederholung durch die Generationen hindurch und in feinsten Nuancen die erotische Empfänglichkeit der Menschen füreinander.

Das letzte Ziel des Sexualinstinkts ist der Geschlechtsakt, Moment der Vereinigung von zwei Wesen zu einem einzigen, in dem alles, was sie trennte, beseitigt und selbst der Raum zwischen ihnen in ein Nichts zusammengeschrumpft ist. Daraus ergibt sich logischerweise, daß jede Bewegung, die ein Mensch macht, um die Entfernung zwischen sich und einem anderen Menschen zu verringern, von sexuellen Regungen oder von dem Wunsch, mit diesem anderen erotische Beziehungen anzuknüpfen, diktiert sein kann.«

Mit diesem Buch möchte ich Ihnen – den Verliebten, den Umworbenen, den Liebenden, aber auch den noch Unerfahreneren – einen kleinen Sprachführer an die Hand geben, der Sie sicher in und durch die lockenden, verheißungsvollen Gefilde der Liebe und der Erotik geleiten und Ihnen über Verständigungsschwierigkeiten hinweghelfen wird. Und bitte bedenken Sie: Sie sollen ja nicht nur *verstehen* lernen, was die Körpersignale, die Sie ›empfangen‹, zu bedeuten haben; Sie müssen auch in der Lage sein, auf gleicher Welle zurückzufunken!

Reden ist Silber – Schweigen ist Gold: Das aus der Bibel hergeleitete Sprichwort, das sich durch alle Zeiten hindurch immer wieder aufs neue bewahrheitet, bestätigt voll und ganz, daß wir mit unserer Sprache alle unsere wahren Gedanken zu verschleiern in der Lage sind.

Und das, denke ich, ist auch gut so, denn nur ›die Gedanken sind frei‹.

Nur vergessen wir dabei, daß wir dennoch ganz schön viel von dem preisgeben können, was uns bewegt – mit unserem Körper nämlich. Denn der lügt niemals.

Jeder Mensch verrät sich durch Gesten, Blicke, Gebärden, Mienenspiel, Lächeln und bringt damit zum Ausdruck, was er will und was er nicht möchte – auch wenn ihm selbst das nicht bewußt oder nicht recht ist.

Die Körpersprache entscheidet im allgemeinen, wer aus einem Streitgespräch als Sieger hervorgeht. Stellen Sie sich vor, Ihr ›Gegner‹ steht vor Ihnen: sprungbereit, die Hände zu Fäusten geballt und in die Hüften gestützt, den Kopf angriffslustig gesenkt und leicht vorgeschoben. Mit solch einem Menschen ist kein einziges vernünftiges Wort zu wechseln – auch nicht über Signale. Man gibt entnervt auf, weil es sinnlos ist, ihm etwas klarzumachen.

Die Körpersprache hat außerdem ein gewichtiges Wort ›mitzureden‹, wenn es um berufliche Karrieren geht. Nicht umsonst werden für junge und dynamische Führungskräfte Managerseminare veranstaltet, die unter anderem auch lehren, wie man durch Gesten und Haltung noch überzeugender wirkt.

Nicht umsonst setzen sich deshalb auch Menschen zu Hause schon Tage vor einem wichtigen Termin bei einem Vorgesetzten vor den Spiegel und üben, kontrollieren ihre Körperhaltung, um einen besonders guten Eindruck zu hinterlassen.

Kann ein Gesprächspartner allerdings die Sprache des Körpers richtig deuten, wird er sein Gegenüber, das sich vermeintlich locker und lässig gibt, schnell durchschauen.

Meist ist schon der unbewußte Griff nach dem Krawattenknoten das verräterischste Zeichen der innerlichen Verfassung.

Die Körpersprache macht bereits in den ersten Minuten eines Festes, einer Gesellschaft klar, wer sich prächtig amüsiert und wer als Mauerblümchen allein und frustriert herumsitzt oder -steht.

Da sind zum Beispiel Maren und Hilda, die sich auf die Geburtstagsfete von Peter unheimlich gefreut haben. Sie kommen gemeinsam, aber zu spät. Das Fest ist bereits in vollem Gange. Maren, die Bildhübsche, Große, bleibt gleich an der Tür stehen. Sie verschränkt die Arme, schaut nervös über die Köpfe der Gästeschar hinweg, um den Mund ein eher gequältes Lächeln, so nach dem Motto: »Komm mir ja nicht zu nahe!« Sie wird zwar freudig begrüßt, aber nach und nach machen alle einen großen Bogen um sie.

Hilda dagegen, die Kleine, etwas Pummelige, mischt sich sofort unters Volk, diskutiert angeregt, lächelt und schüttelt dabei kokett ihr Haar, läßt sich umarmen und berührt auch ihrerseits ihre Gesprächspartner kurz mit den Händen. Sie ist an diesem Abend umschwärmter Mittelpunkt.

Warum das so ist? Ganz einfach – Maren war von der ersten Sekunde an abweisend, während Hilda sich geöffnet, positive Signale ausgesandt hat.

Achten Sie doch mal bei einer ähnlichen Gelegenheit – sei es nun, daß Sie selbst einen gemütlichen Abend geben oder hierzu eingeladen werden – darauf, wie Menschen aufeinander zugehen. Sie werden eine ganze Menge mehr über Freunde und Bekannte erfahren, wenn Sie sich auf Körpersignale konzentrieren.

Übrigens – auch Männer begehen hier eine ganze Menge Fehler, ohne daß sie überhaupt einen Ton von sich zu geben brauchen. Ich habe es sehr oft von Freundinnen gehört, wenn sie das Gebaren gewisser ›Herren der Schöpfung‹ wenig schmeichelhaft kommentierten.

»Ich kann diese schönen, ständig gelangweilten Männer nicht ertragen. Die schauen dich an – da hat man doch das Gefühl, die wollen wirklich nur das eine«, ist immer das Ende dieser Lästereien.

Aber nicht nur im beruflichen Alltag oder im gesellschaftlichen Leben ist die Körpersprache ein wichtiges, sensibles Instrument – gerade auch in der Liebe verraten wir uns. Ohne überhaupt ein einziges Wort aussprechen zu müssen, sind die ersten vier Minuten entscheidend, wenn wir einem Mann oder einer Frau begegnen, der oder die uns gefällt. Die ersten Blicke machen klar: Ich mag ihn beziehungsweise sie, er oder sie ist für mich weder Fisch noch Fleisch, oder ich kann diesen Menschen ganz einfach nicht ausstehen.

Genauso direkt reagieren wir auch!

Sie werden sich nun, nach dem Lesen der ersten Sätze, bestimmt fragen: Wem haben wir die ersten Analysen der Körpersprache überhaupt zu verdanken, die so bahnbrechend waren, daß sie heute aus etlichen Bereichen der Wissenschaft und Forschung nicht mehr wegzudenken sind?

Dieser Pionier heißt Charles Darwin (1809–1882). Sie erinnern sich: Der englische Naturforscher war es, der die Abstammung des Menschen in die Nähe der Affen gerückt hat. Er war es, der die Wissenschaft von der Körpersprache ›entdeckt‹ hat.

In unserem Jahrhundert wurde dann die Forschung auf diesem Gebiet ganz gewaltig ausgeweitet.

Die amerikanischen Forscher Friesen und Sorenson beobachteten Angehörige von fünf Kulturen auf ebenso vielen Kontinenten und kamen zu einem überraschenden Ergebnis:

Überall auf der Welt kennt man die gleichen Grundgesten, die gleiche Mimik. Die Körpersprache für Wut, Enttäuschung, Trauer und Freude, Interesse und Ablehnung, Verachtung und Scham, Liebe und Zärtlichkeit ist allerorten gleich. Diese Zeichen und Gesten sind ein universales Erbe der Menschheit. Die Körpersprache ist also eine gemeinsame Weltsprache, die jeder von uns verstehen kann.

Ich weiß nicht, wie es Ihnen geht, aber ich bin eine ganz große Bewunderin der schönen alten Stummfilme: Da wurde mit den Wimpern geklimpert, mit den Augen gerollt, da huschte ein kleines Lächeln übers Gesicht, da wurden freudig erregt die Zähne gezeigt, wurde mit den Händen gestikuliert, sich in den Hüften gewiegt und – wenn's ganz verrucht sein sollte – mit dem Po gewakkelt. Da konnte man Glück und Leid, Lust und Leidenschaft, aber auch Gut und Böse wirklich nur an Gesten erkennen – und an der Mimik.

Nichtsdestotrotz waren all diese Filme zu verstehen – manchmal sogar besser als die heutigen. Nie sind Mißverständnisse aufgekommen. Die Körper redeten – sehr präzise und ohne jeden Schnörkel. Inzwischen hat sich die Wissenschaft der Körpersprache angenommen, Millionen bewußter und unbewußter Gesten gesammelt – und natürlich auch gedeutet.

Und, wie könnte es anders sein, diese Gesten wurden in typisch männliche und typisch weibliche Körpersprache unterteilt. Dazu möchte ich Ihnen noch einiges erklären, bevor wir uns ausschließlich den unausgesprochenen Botschaften von Liebe, Sinnlichkeit und Erotik zuwenden.

Wenn ich Ihnen an vielen Stellen dieses Buches verrate, was *einzelne* Gesten, Handbewegungen, Beinstellungen, Körperhaltungen, mimische Ausdrucksmomente, Berührungen, Blicke, Bekleidungen – und so weiter – für verborgene Bedeutungen verraten, so bitte ich Sie, dabei doch stets zu berücksichtigen, daß man keines dieser Körpersignale isoliert bewerten sollte. Es ist immer der *ganze* Mensch, der sich ausdrückt, der *ganze* Körper, der ›spricht‹. Erst die Summe, der ›Zusammenklang‹, all dieser einzelnen Signale läßt eine abgerundete Interpretation zu. Denn: der Mensch ist bekanntlich ein Ganzes. Und sein Körper ist sein sensibelstes Ausdrucksmittel.

Öffnen Sie also Ihre Sinne: beobachten Sie, schnuppern Sie, fühlen Sie, lauschen Sie – fahren Sie alle Ihre Antennen aus!

Die deutlich abgewandte Körperhaltung gibt unzweideutig zu verstehen: »Kein Interesse! Keine Chance!« Und weil in der Körpersprache immer mehrere Ausdruckselemente zusammenwirken, passen hier die verschränkten, also absperrenden und -wehrenden Arme und Beine dazu, die fest geschlossenen Lippen, der schräge Blick von unten.

1

KÖRPER-SIGNALE

Weibliche und männliche Körpersignale

Um es gleich vorwegzunehmen: Die Forscher haben längst noch nicht alles durchleuchtet, stoßen immer wieder auf Ungereimtheiten.

Warum zum Beispiel legen wir, wenn wir die Arme verschränken, immer denselben Arm über den anderen?

Warum schlüpfen Männer, wenn sie eine Jacke anziehen, zuerst mit dem rechten Arm in den Ärmel – während Frauen es zuerst mit dem linken tun?

Und nun stellen Sie sich bitte einen Mann und eine Frau mitten im Gedränge vor: Warum wendet der Mann, wenn er sich an einer Frau vorbeidrängelt, ihr seine Vorderseite zu? Schiebt dagegen eine Frau sich durchs Gewühl, dreht sie ihren Körper von ihm weg.

Kann es sein, daß sie damit instinktiv ihren Busen schützen will? Ist das nun eine angeborene Vorsichtsmaßnahme, oder übernehmen Frauen diese Geste unbewußt von anderen Frauen – ganz einfach nur durchs Abschauen?

Vielleicht ist dem so, denn es gibt Verhaltensweisen, die uns anerzogen wurden – und die wir von anderen übernehmen. Nur so hat sich unsere Gesellschaftsform so entwickeln können.

Die unterschiedliche Körpersprache von Mann und Frau hängt naturgemäß auch mit der verschiedenartigen anatomischen Beschaffenheit beider Geschlechter zusammen. Biologen beschäftigen sich also intensiv damit, wie Menschen gehen. Sie untersuchen die unterschiedlichen Lauf- und Wurfleistungen, die anläßlich großer Sportwettbewerbe das wissenschaftliche Interesse stets aufs neue entfachen.

Gekrümmte Oberschenkel mit einer besonderen Gelenkverankerung in den Hüften erklären beispielsweise die Art, wie Frauen laufen.

Bei Männern mit breiten Schultern stehen die herunterhängenden Arme seitlich etwas vom Rumpf weg, während bei der Frau mit ihren normalerweise schmaleren Schultern die Oberarme zumeist enger an den Seiten des Brustkorbs anliegen. Die Art, wie Frauen die Ellbogen eng am Körper halten und die Unterarme mit ihrem vergrößerten Beugewinkel zwischen Ober- und Unterarm bewegen, wird gelegentlich gern von Männern imitiert, wenn sie weibliche Gesten nachahmen.

Auch Stehen mit vorgeschobenen Oberschenkeln wird als weiblich empfunden. In der Art, größere Gegenstände zu tragen, zeigt sich oft, daß Frauen diese nach Möglichkeit bevorzugt auf der Hüfte aufstützen oder sie direkt vor dem Bauch tragen. Ein ganz deutliches Symbol der Mutterschaft! Männer nehmen diese Gegenstände einfach hoch und tragen sie am Körper.

Ein weiteres weibliches Unterscheidungsmerkmal ist die ›Rocksitzhaltung‹ mit züchtig geschlossenen Beinen – im Gegensatz zu den oft gespreizten Beinen oder der Fußknöchel-auf-dem-Knie-Haltung der Männer beim Sitzen.

Selbst Frauen, die Hosen tragen, werden auch in diesem Fall nicht oder nur sehr selten eine typisch männliche Sitzhaltung einnehmen. Wissen Sie, warum?

Das ist auch anerzogen. Oder ist Ihnen als Mädchen niemals gesagt worden: Eine Frau sitzt nicht mit weit gespreizten Beinen wie ein Kerl, das ist unfein, das gehört sich nicht. (Außerdem ist es eine erotische Aufforderung – wie wir noch sehen werden!) Also – Knie zusammen!

Beim Sitzen ist das sogenannte ›Beinflechten‹ typisch weiblich. Der übergeschlagene Fuß berührt das stehende Bein, was durch die betonte Muskelanspannung sehr attraktiv anzuschauen ist.

Eine gelöstere Haltung, die Frauen überwiegend in lokkeren Unterhaltungssituationen einnehmen, kommt dadurch zustande, daß der Unterschenkel eines Beins unter den Oberschenkel des anderen geschoben wird.

Frauen lächeln auch häufiger und viel stärker als Männer. Dazu gehört sehr oft eine seitliche Neigung des Kopfes.

Hier ist aus meiner Sicht folgendes sehr interessant und aufschlußreich – erklärt es doch einleuchtend, warum alle Titelbildschönheiten in ein und derselben Weise strahlen:

Wenn Männern zum Beispiel Bilder vorgelegt werden, auf denen man durch eine Fotomontage geneigte Frauenköpfe aufgerichtet hat, so reagieren sie völlig anders als weibliche Betrachter, wie der Psychologe S. Frey berichtet:

Den weiblichen Beurteilern erscheinen diese Frauen als durchaus sympathisch, empfindsam, zärtlich, freundlich, ruhig, weich und lieb.

Männer dagegen empfinden Frauen mit aufrechten Köpfen als unsympathisch, unbeteiligt, kalt, hochmütig, distanziert und abweisend. –

Haben Sie mal in die Runde geschaut, wenn Männer und Frauen nach dem Essen die Serviette benutzen? Männer wischen sich den Mund nach den Seiten – also von sich weg.

Frauen hingegen betupfen sich den Mund so, daß die Serviette von den Mundwinkeln zur Mitte wandert. Sie wollen empfangen!

Noch etwas ist auffallend unterschiedlich: Der Mann trompetet beim Naseputzen wie ein wildgewordener Elefant, denn die Nase ist ein Symbol seines Penis – darauf ist er stolz, und das will er zeigen.

Die Frau dagegen schneuzt sich leise und dezent – ihr fehlt, was der Nase entspricht. Also auch hier ›der kleine Unterschied‹.

Sie sehen, wir unterscheiden uns schon erheblich voneinander, und sicherlich ist es auch genau das, was unser zwischenmenschliches Leben spannend und aufregend macht. Man kann – bevor man sich auf das Abenteuer Liebe einläßt – eine ganze Menge entdecken und daraus seine Schlüsse ziehen.

Auch ich habe mich manchmal schon ehrlich gefragt: Was kann ich denn in bestimmten Situationen tun, um mich nicht in Schwierigkeiten zu bringen – auch wenn ich kein einziges Wort von mir gebe? Wenn ich nur durch mein Dasitzen, mein Wippen mit den Fußspitzen, durch ein angedeutetes Lächeln und meine hochgezogenen Augenbrauen mein Gegenüber ungewollt zur Weißglut bringe? Vor Wut, versteht sich! Das sind Momente, in denen ich liebend gern meine eigene Körpersprache korrigieren würde.

Und so frage ich Sie nun: Geht das überhaupt, oder ist das von uns allen nur ein Wunschdenken?

Ist Körpersprache manipulierbar?

Also – ein ganz klein wenig schon! Wir müssen uns aber immer vor Augen halten, daß, wenn wir auf Lügen dieser Kategorie zurückgreifen – und etwas anderes sind sie ja nicht –, unser Unterbewußtsein eine große Rolle spielt. Wir können es nicht so mir nichts, dir nichts ausknipsen, so tun, als wäre es gar nicht vorhanden. Das Unterbewußtsein macht sich immer dann bemerkbar, wenn wir es überhaupt nicht brauchen können. Eben dann, wenn wir flunkern, manipulieren.

Ein Mensch – und jetzt ist es ausnahmsweise einmal egal, ob Mann oder Frau –, der sich als ein ungeübter Lügner erweist, wird sich natürlich auch am schnellsten verraten. Er wird früher oder später ertappt. Klar, werden Sie jetzt sagen: Er bringt eben alle Gedanken durcheinander, redet sich um Kopf und Kragen.

Genau das ist es nicht! Er kann seine nervöse Energie, die sein Unterbewußtsein aussendet, überhaupt nicht in den Griff bekommen. Fahrige Gesten lassen ihn als Schwindler auffliegen – auch wenn er gerade heilige Eide geschworen hat.

Wer also meint, ohne Lügen nicht auskommen zu können, und zugleich dabei aber überzeugend wirken möchte, der müßte so gut wie alle Gesten unterdrücken. Jedoch – und das brauche ich Ihnen nicht zu sagen, denn Sie wissen es – es funktioniert nicht. Zu verräterisch sind unsere Körpersignale – auch wenn sie sich nur schwach bemerkbar machen: das Zucken der Gesichtsmuskeln, das Flattern der Wimpern, das Verengen der Pupillen. Zu verräterisch sind die Schweißperlen auf der Stirn, ist das Erröten der Wangen – besonders dann, wenn das Rot sich langsam vom Hals nach oben ausbreitet.

Wenn also eine Lüge funktionieren soll, dann wäre es doch am besten, sich eine Tarnkappe überzuziehen – damit unsere Körpersprache uns nicht verrät.

Das allerdings wäre natürlich bedauerlich, denn dann würde ja kein Mensch mehr darauf achten, welche Signale wir aussenden, wenn es um die schönste Sache der Welt – um die Liebe – geht. Keiner würde mehr wahrnehmen, wie wir lächeln und strahlen – wenn wir uns fürs andere Geschlecht interessieren.

»So wie die Nase des Mannes . . .«

Die meisten menschlichen Sinnesorgane sind im Gesicht vereint. Demnach werden von hier aus auch entsprechend viele Signale ausgesandt und ebenso wieder empfangen. Unser Gesicht ist die am häufigsten den Blicken anderer ausgesetzte Körperpartie und daher auch am verwundbarsten. Und sein herausragendstes Merkmal ist nun mal die Nase.

Ich hab's vorhin schon angedeutet: Die Nase symbolisiert das männliche Glied. »Wer das eine hat, der hat das andere auch« oder »Wie die Nase des Mannes, so sein Johannes« oder »Ein großer Giebel ziert das Haus« – solche Spruchbanalitäten verdeutlichen uns diesen Zusammenhang schlechthin. Wenn zum Beispiel in Frankreich ein Mann kräftig niest, bekommt er dort als Reaktion auf seine männliche Demonstration den sehr unzweideutigen Wunsch ›A vos amours!‹ mit auf den Weg.

Jetzt fragen Sie sich bestimmt: Was, um Himmels willen, hat nun das Riechorgan mit unserer Körpersprache zu tun? Eine ganze Menge – wie Sie selbst beobachten können:

Wenn ein Mann sich dröhnend die Nase putzt, hemmungslos und ungeniert das Ergebnis seiner Säuberung im Taschentuch kontrolliert, dann deutet das auf eine naive sexuelle Eitelkeit hin. Er ist stolz auf sein Organ und hat nicht die geringste Scheu, symbolhaft darauf hinzuweisen.

Rülpsen und Spucken – sagen Sie jetzt nicht: igittigitt! – gehören in das gleiche Gebiet. Der Mann, der sich auf seine Männlichkeit etwas einbildet und möglichst oft und weit spuckt, weckt leise Zweifel, ob er selbst innerlich wirklich von dieser dick aufgetragenen männlichen Stärke überzeugt ist. Sein Benehmen erinnert in sehr seltsamer und komischer Weise an kleine Jungen: möglichst weit pinkeln! Also Achtung – stellen Sie eine solche Verhaltensweise am Opfer Ihrer Begierde fest, können Sie daraus nur selten auf eine in jeder Hinsicht befriedigende Sexualität schließen!

Schwere sexuelle Hemmungen dürfen Sie aber auch bei einem Mann vermuten, der sich ganz verstohlen, ganz verschämt die Nase putzt, der es nicht wagt, sein Taschentuch zu entfalten, und nicht den kleinsten Laut von sich gibt. Wenn er niesen muß, dreht sich so ein Mann verschämt zur Seite, wendet seinem Gesprächspartner fast den Rücken zu. Ist dann der für ihn so demütigende Akt vorüber, entschuldigt er sich völlig verwirrt. Das Taschentuch wird schleunigst weggesteckt, als sei es ein Schandfleck, den man sofort verbergen muß.

Uns Frauen verbieten tradierte geschlechtsspezifische Umgangsformen von Haus aus das geräuschvolle Schnauben und Schneuzen. Außerdem müssen wir ja auch nichts unter Beweis stellen – unsere Nase ist eben kein sexuelles Symbol!

Bemerkenswert dürfte in diesem Zusammenhang sein, daß weibliche Nasen seit den Frühzeiten der Schönheitschirurgie immer nach den gleichen Idealen geformt werden: klein, zierlich und hübsch anzusehen. Alle männlichen Merkmale werden beseitigt.

Frauen mit einer großen Nase attestiert man übrigens Charakter und Temperament. Es heißt von ihnen, sie seien willensstark, entschlußfreudig, aber auch aggressiv – also samt und sonders Eigenschaften, die im allgemeinen den Männern zugeschrieben werden und daher bei den Damen als nicht so sehr wünschenswert erscheinen.

Trotzdem meine ich, Augen auf, wenn ein Mann, der Sie interessiert, zu seinem Taschentuch greift!

Die Augen – die Fenster zur Seele

Unsere Großmütter – vielfach auch noch unsere Mütter – wurden noch so erzogen, daß sie mit niedergeschlagenen Augen durch die Welt gingen. Es schickte sich einfach nicht, einen Mann oder überhaupt einen Menschen direkt anzusehen. Das war halt nicht ›damenhaft‹.

Auch an mir wurde, wenn auch sehr kurzfristig, diese Erziehungsmethode angewandt. Ich habe mich schlicht und ergreifend mit einem koketten Augenaufschlag darüber hinweggesetzt. Zum Glück – ich hätte ja sonst alles, was mir interessant erschien, vollkommen übersehen! Vielleicht haben Sie ähnliches erfahren – und so wie ich gehandelt.

Ich glaube, folgende Situation kennt deshalb jeder von uns:

Wir sitzen in der U-Bahn, im Bus, in der Straßenbahn, und irgend etwas an einem unserer Gegenüber hält unsere Aufmerksamkeit gefangen. Der Blick verweilt einen winzigen Moment auf seinem beziehungsweise ihrem Gesicht, der ganzen Figur. Schaut unser Gegenüber hoch, so wendet sich unser Blick schnell ab – als wären wir bei etwas sehr Verbotenem ertappt worden.

Tag für Tag nehmen wir über solche Augenblicke Kontakt mit einer Vielzahl von fremden Menschen auf, und sie mit uns. Wir mustern uns. Die Blicke – und seien sie noch so kurz und flüchtig – enthalten kleine und große Botschaften. Die meisten dieser Mitteilungen lassen uns im allgemeinen völlig kalt.

Doch manchmal ärgern sie uns, und dann plötzlich jagen sie uns Schauer über den Rücken – abwechselnd heiß und kalt. Es fängt an, unheimlich zu knistern!

Das ist die ominöse Liebe auf den ersten Blick – die übrigens immer wieder milde belächelt und sogar in Frage gestellt wird. Doch wissenschaftliche Untersuchungen unserer Tage mit unbestechlichen Hilfsmitteln wie Videokameras und Pupillenmeßgeräten bestätigen, daß der erste Blick, den wir von einem fremden Menschen empfangen, schon das Anfangskapitel eines ganzen Romans erzählen kann. Denn – und das ist das Wunderbare – unsere Augen sind das einzige Organ, das gleichzeitig Signale aufnehmen und übermitteln kann.

Die Augen ermöglichen Ihnen also, einem Mann – natürlich auch einer Frau – so verheißungsvolle Blicke zuzuwerfen, daß der Puls anfängt zu rasen, das Herz Purzelbäume schlägt. Sie können aber auch ganz gelassen beobachten, wie Sie bei Ihrem Gegenüber ankommen.

Eine wunderbare Sache – finden Sie nicht auch?

Was aber tun, wenn Sie sich mit einem ›Starrer‹ eingelassen haben? Manche von uns haben es gelernt, ebenso zurückzustarren und den Augeneindringling mit seinen eigenen Waffen zu schlagen. Viele Frauen wenden heute diese Waffe an, meistens mit sehr gutem Erfolg, wenn auch nicht immer die Garantie gegeben scheint, hierdurch einen Gaffer zur Aufgabe zu zwingen. Zweckmäßiger ist es da schon, bewußt das zu tun, was mit den Augen automatisch geschieht, wenn sie einen Blick als unangenehm oder gar aufdringlich empfinden:

Sie wenden sich ab.

Die niedergeschlagenen Augen, der abgewendete Blick, werden manchmal als Eingeständnis von Unsicherheit, schlechtem Gewissen oder Schuld angesehen.

Aber das ist nur die halbe Wahrheit, weil es sich um einen ganz natürlichen Schutzmechanismus handelt. Kein noch so hartnäckiger Süßholzraspler wird die stumme Absage der abgewendeten Augen übersehen, wenn er schon das gesprochene Nein nicht wahrhaben will.

Die Augen sind Fenster zur Seele, wie es in einer alten Redensweise heißt – und das entspricht voll und ganz den Tatsachen. Denn ein Teil unseres Auges gibt ziemlich deutlich Aufschluß darüber, welche Gefühle in bestimmten Momenten in uns ablaufen.

Die Pupille reagiert auf äußere Einflüsse, zieht sich zusammen, wenn starkes Licht ins Auge fällt, und weitet sich, je dunkler es wird.

Sie ist aber auch eine Meßstation unserer inneren Lichtverhältnisse: Sehen wir etwas, das uns stark erregt, dann weiten sich die Pupillen stärker, als es bei den tatsächlich vorhandenen Helligkeitseinflüssen zu erwarten wäre. Das gilt ganz besonders im Falle erotischer Anziehung und sexueller Erregung.

Wenn wir etwas bemerken, das uns mißfällt oder betrübt, dann werden die Pupillen kleiner. Dieser Vorgang entzieht sich weitgehend der bewußten Kontrolle, und so verrät der Blick in die Pupille eines Menschen viel über dessen wahre Empfindungen.

Wenn Sie also genau wissen wollen, ob Ihre Partnerin Ihnen im Bett nur gekonntes Theater vorspielt oder nicht, dann schauen Sie in ihre Augen: An der Öffnung ihrer Pupillen erkennen Sie, was sich gerade in ihr abspielt.

Die Augen lügen eben doch nicht!

Wie zeigt sich Interesse?

Eine berechtigte Frage, denn oft übersieht man im Eifer des Gefechts doch so einiges. Deshalb möchte ich Ihnen das jetzt etwas genauer erklären:

1. Der kurze Seitenblick

Im Augenritual bedeutet das nichts anderes als testen. Durch einen raschen Blick prüft man: Wie sieht er/sie aus? Schaut er/sie herüber zu mir, und ist er/sie auch wirklich allein?

Außerdem kann der kurze Seitenblick noch etwas anderes ausdrücken: beobachten, taxieren und zurechtweisen.

Er ist übrigens in einer Zweierbeziehung immer ein untrügliches Zeichen dafür, daß der andere einen Fehler entdeckt hat und jetzt unbedingt darüber reden möchte.

2. Niedergeschlagene Augenlider

Das bedeutet nichts anderes als Sendepause! Nach dem kurzen Seitenblick greift man für Sekunden zu diesem Schutzmechanismus. Denn direkter, weiterer Blickkontakt wäre aufdringlich. Männer kaschieren ihre vorübergehende Funkstille übrigens gern mit einem Blick in die Zeitung oder rücken ihre Krawatte zurecht. Außerdem sind niedergeschlagene Augenlider noch Hinweise auf schlechtes Gewissen, Schüchternheit, versteckte Aggressionen.

3. Aufgerissene Augen

Das heißt im Klartext: kokettieren, flirten. Mit weitgeöffneten Augen signalisiert man: Hallo, Sie gefallen mir, ich sehe Sie gern an, ich wäre sehr daran interessiert, Sie kennenzulernen!

Außerdem können aufgerissene Augen gespielte Kindlichkeit (mit der man Zuneigung und Liebe erreichen möchte), Erschrecken und Aggression ausdrücken.

4. Offene Augen, gerader Blick

Im Augenritual bedeutet das: Die Lage ist klar! Mit einem ruhigen, direkten Blick zeigt man, daß der Kontakt geknüpft ist.

Darin liegt gleichzeitig der Wunsch, anzusprechen und angesprochen zu werden.

Außerdem kann der offene Blick bedeuten: Offenheit, Wachsamkeit.

Und so signalisieren Sie: »Kein Interesse!«

1. Unruhige Augen

Jemand läßt den Blick im Raum wandern, schaut unruhig mal hierhin, mal dorthin.

Das kann bedeuten: Langeweile, Unkonzentriertheit, Unbehagen.

2. Der Blick von oben herab

Damit man von oben herabschauen kann, muß man schon die Nase ein bißchen hoch tragen.

Das kann signalisieren: Arroganz, Hemmungen, Abwehr, Verachtung.

3. Der Blick von unten herauf

Man hält dabei den Kopf etwas gesenkt, so daß die Augen von unten nach oben blicken.

Die Zeiten, in denen Leinwandschönheiten auf diese Weise ihre Lieber anschmachteten, sind schon lange vorbei.

Heute weist das eher auf Demut, Angst, Minderwertigkeitsgefühle, Nachdenken hin.

4. Der absolut leere Blick

Die Augen fixieren starr einen Punkt, der im Unendlichen zu liegen scheint.

Das kann bedeuten: Grübeln, Selbstvergessenheit, Müdigkeit, Depression.

Sie ist doch im Grunde ganz einfach – die Sprache der Augen, man muß sie nur auslegen können!

Wenn Sie dann noch so mutig sind, ganz in der Manier Humphrey Bogarts – »Schau mir in die Augen, Kleines!« – zu operieren, dann dürfte einem heißen Flirt überhaupt nichts mehr im Weg stehen.

Flirten – aber gewußt, wie!

Vom Flirten verstehen Frauen viel mehr als die Männer! Sagen Sie nicht, das sei unwahr – denn es wurde durch eine Untersuchung des Münchener Max-Planck-Instituts belegt. Die Verhaltensforscher Dr. Karl Grammer und Christiane Doermer haben folgendes herausgefunden: Die Männer befinden sich auf dem berühmten Holzweg, wenn sie glauben, daß sie es sind, die eine Frau ›aufreißen‹. Die Sache läuft nämlich insofern ganz anders ab, weil die weiblichen Wesen von Anfang an die Fäden in der Hand haben, wenn es ums Flirten geht. Durch ihre Körpersprache geben sie das Startzeichen. Unterbewußt wird der Mann gesteuert – und er merkt gar nichts von dieser Manipulation.

»Wenn es funkt zwischen dem starken und dem schwachen Geschlecht, dann geht es blitzschnell. Die ersten dreißig Sekunden sind die entscheidenden«, sagen die Forscher.

Das Schöne an diesem wunderbaren Spiel liegt darin, daß man alles gewinnen kann, ohne sich dabei etwas zu vergeben oder sich nachhaltig die Finger zu verbrennen. Wie man daraus als Sieger hervorgeht, das ist ohne Schwierigkeiten erlernbar. Was übrigens für Mann *und* Frau gilt – denn beide verhalten sich in dieser Situation sehr ähnlich!

Zuerst möchte ich von Ihnen jedoch wissen: Was ist ein Flirt ganz genau? Ich habe danach sehr viele prominente

Männer gefragt, und die Antworten lauteten so: »Flirten ist etwas, um die Langeweile zu vertreiben.« – »Ich flirte gern, weil ich so meinen Marktwert abschätzen kann.« – »Ich will wissen, ob ich für andere Frauen auch noch sexuell attraktiv bin.« Und dann noch: »Flirten ist eine herrliche Sache, ein Spiel mit dem Feuer. Aber an der Bettkante muß es aufhören.«

Gar nicht so schlecht – oder?

Auf jeden Fall ist ein Flirt eine besonders verspielte Situation voller Lebensfreude, Beschwingtheit und erotischem Reiz. Man fühlt sich frei, entspannt und angeregt. Mit einem Wort: Ein Flirt ist ein Hochgefühl wie ein Schwips nach etwas zuviel Champagner! Vor allem aber fühlt man sich bestätigt. Denn da ist jemand, der mit seinem Lächeln signalisiert: »Ich finde Sie attraktiv.«

Flirten beflügelt die Phantasie. Alles ist möglich. Aus einem Flirt kann Verliebtheit oder sogar die große Liebe werden – oder auch nicht! Dann war es eben nur ein herrlicher Augenblick, der Ihnen den Tag verschönte. Ein Grund mehr, öfter mal ein Auge zu riskieren. Sie wissen ja, ein Flirt fängt immer mit den Augen an!

Stellen Sie sich vor, Sie haben gerade jemanden kennengelernt, ihn zu einem Ich-weiß-nicht-was eingeladen. Und jetzt hat Sie der Mut verlassen. Sie sitzen sich sprachlos gegenüber. Nicht schlimm – mit den Augen kann man sich doch erst mal eine ganze Menge erzählen. Oder ihn beziehungsweise sie so richtig ins Schwitzen bringen – wenn Sie einen tiefen, verheißungsvollen Blick riskieren.

Oder nehmen wir an, Sie haben gerade in einer Diskothek einen Mann entdeckt, der Ihnen gefällt. Leider fehlt Ihnen der Mut, ihn anzusprechen. Was tun Sie also? Sie versuchen, ihn mit Blicken zu fesseln. Es funktioniert garantiert! Nur – wenn er reagiert, halten Sie seinem Blick unbedingt stand. Wer nämlich schon beim ersten intensiven Augenkontakt verschämt wegguckt oder angestrengt die auffordernde Botschaft übersieht, signalisiert von vornherein knallharte Ablehnung.

Und das wollen Sie doch sicherlich nicht! Wenn einer von Ihnen den anfänglichen Augenkontakt ignoriert – dann spielt sich nichts mehr ab. Ihr Flirt hat ein vorzeitiges Ende genommen.

Wie übrigens geheime Wünsche und Absichten durch das Auge entlarvt werden, beweist die Zeitdauer des Verweilens auf den verschiedenen Körperpartien:

Bei rein sexuellem Interesse betrachten die Männer ausgiebiger Busen, Hüften und Beine einer Frau. Die Augen sind nicht so wichtig.

Wenn es einer Frau nur ums Bett geht, bleibt ihr Blick ein paar Sekunden länger an seinem Mund hängen. Die Augen werden nur flüchtig gestreift. Bei sinnlich-erotischem Interesse wandert der Blick immer wieder vom Körper zu den Augen.

Die nächste Spielregel beim Flirten heißt Lächeln!

Das zeigt dem anderen, daß er Ihnen gefällt! Das macht ihn oder sie sicher. Aber Achtung – auch beim Lächeln sind Sie vor großen Fehlern nicht gefeit: Daß die Augen beim Flirten wichtig sind, wissen wir. Aber genauso sagt der Mund – und der steht ja beim Lächeln im ›Vordergrund‹ – viel über Sie aus:

Nach oben weisende Mundwinkel sind charakteristisch für optimistische, fröhliche Menschen. Nach unten gezogene Mundwinkel hingegen deuten auf Unlust, verbissene Wesensart und Verbitterung hin.

Wenn sie dann auch noch lustlos Ihre Zähne ›fletschen‹, dann hat das nichts mehr mit einem auffordernden und sinnlichen Lächeln zu tun. Der andere nimmt nur noch Reißaus!

Aber zurück zum Flirten:

Er traut sich – falls er ein Mann ist, der immer noch glaubt, daß er den Anfang machen muß –, mit Ihnen ein Gespräch anzufangen. Das ist nun ein Moment, in dem es kritisch wird. Denn nun merken Sie, wen Sie da die ganze Zeit angehimmelt haben.

Hat er einen Ton am Leib, daß Ihnen buchstäblich die Ohren abfallen, dann müssen Sie sich jetzt blitzartig aus der Affäre ziehen. Bewahren Sie aber Haltung. Reden Sie mit ihm ein paar Belanglosigkeiten – und verschwinden Sie schnell aus seiner Nähe. Überhaupt nicht auf ihn zu reagieren und ihn quasi ins Leere laufen zu lassen, das wäre gemein. Schließlich haben Sie ihn ja durch Ihr Verhalten herausgefordert, Sie anzusprechen! Das selbsteingebrockte Süppchen müssen Sie schon auslöffeln!

Hat er aber eine Stimme, die Ihnen in des Wortes wahrster Bedeutung unter die Haut geht, ist alles geritzt. Jetzt muß es Ihnen nur noch gelingen, so viel Nähe und Intimität wie möglich aufzubauen.

Und das immer in der richtigen Dosierung – ohne plump-vertraulich zu wirken. Ein leeres Glas, das nachgefüllt werden muß, oder eine Zigarette, für die Sie Feuer brauchen, haben schon manchen Flirt recht flott in Gang gebracht. Besonders dann, wenn Ihre Hand wie zufällig die seine streift. Und noch etwas: Rücken Sie ruhig etwas näher, wenn Sie mit ihm sprechen. Wenn er nicht verschreckt zurückweicht, haben Sie schon gewonnen.

Die hohe Kunst des Flirtens besteht darin, daß man dem anderen Zeichen gibt. Und dabei spielt wieder die Körpersprache eine große Rolle: wie Sie gehen, Ihre Haare aus dem Gesicht streichen, mit der Zungenspitze Ihre Lippen befeuchten, mit der Hand über Brust und Oberschenkel streichen, wie Sie Ihren Mund bewegen und in Ihrer Handtasche kramen (besonders aufschlußreich, denn Taschen sind für uns Frauen so etwas wie eine Intimzone – und die geben wir preis, wenn wir einem Mann gestatten, einen Blick hineinzuwerfen). All diese fast unbewußten Gesten und Bewegungen zeigen, ob Sie an jemandem interessiert sind.

Die Körpersprache muß aber immer diskret bleiben. Man kann nämlich auch ohne Worte eine ganze Menge Porzellan zerschlagen. Wenn Sie zum Beispiel folgendes anstellen:

Sie sitzen in einer Kneipe, strahlen Ihren Nachbarn offen an, spreizen Ihre Beine und sagen dann ganz unverblümt: »Du bist genau mein Typ – warum sitzen wir eigentlich noch herum und vergeuden unsere kostbare Zeit?« Wissen Sie, was nach so einer Anrede mit der entsprechenden Körperhaltung passiert? Der Mann ist so geschockt, daß er bei der ersten sich bietenden Gelegenheit das Weite sucht!

Der englische Verhaltensforscher Dr. Desmond Morris hat die Körpersprache von uns Frauen, wenn wir, wie er sagt, ›flirtbereit‹ sind, genau beobachtet:

Sie schaut dem Mann länger als ›anständig‹ in die Augen.

Sie lächelt mit leicht geöffnetem Mund und betrachtet verschiedene Körperteile (Sie wissen schon, welche!) ihres Gegenübers.

Sie schiebt die Hüften vor, entspannt dabei die Beine leicht. Geschlossene Knie und aneinandergepreßte Oberschenkel dagegen signalisieren der Umwelt: Ich habe keine Lust auf Flirt! Denn findet eine Frau einen Mann auf den ersten Blick unsympathisch, drückt sich das gleich in ihrer verspannten Körperhaltung aus. Wenn die Rückkopplung fehlt, verpufft natürlich auch der glühendste Liebesblick.

Ist doch einleuchtend – oder?

Bis hier war nur die Rede davon, wie wir Frauen uns in Szene setzen, wie wir versuchen, den Mann, der uns gefällt, einzufangen. Haben Sie sich schon mal überlegt, wie Männer sich anstellen, wenn ihnen an mehr als nur einem flüchtigen Blickkontakt zu einer Frau gelegen ist? Ich hab's schon oft beobachtet. Vorher aber noch ein kleines Beispiel, wie ein Mann sich immer wieder einen Korb einhandelt:

Peter war von sich überzeugt. Und sich infolgedessen entsprechend sicher, jede Frau kriegen zu können, die einmal sein Interesse geweckt hatte. Also: Dodo sitzt mit zwei Freundinnen an der Bar. Sie unterhalten sich, lachen. Aus den Augenwinkeln beobachten sie Peter, der sich in Positur wirft. Den Kopf zurück, das Kinn nach oben und vorgestreckt, die Daumen in den Hosenbund geklemmt – wie Django stelzt er breitbeinig zur Bar. Ohne Lächeln, mit finsterem Gesicht, geht er direkt auf Dodo zu. Sie verschränkt unwillkürlich die Arme vor der Brust, kneift ein wenig die Augen zusammen. Peter schiebt ihr ziemlich unfein seinen Ellbogen in die Seite und läßt dabei so etwas verlauten wie: »Na, wie wär's mit uns?« Dodo nimmt den Kopf etwas höher, schüttelt ihn. Die beiden anderen fangen schallend an zu lachen. Dann faucht Dodo: »Zieh Leine, du Angeber, lern erst mal, wie man Frauen anmacht, dann kannst du wiederkommen.« Für Peter ist der Abend zu Ende. Er zischt nur noch etwas von ›blöden Weibern‹ – und weg ist er!

Das Verhalten von Peter hat überhaupt nichts mit einem Flirt zu tun, sondern ist schlicht und einfach eine Anmache primitivster Art – die überhaupt nicht zieht.

Männer können aber auch ganz anders, um Frauen auf sich aufmerksam zu machen – zum Beispiel:

Er lehnt sich bei Partys gern an die Wand, stützt sich dabei nur mit der Hüfte ab, beide Daumen in den Hosenbund gesteckt und läßt seinen Blick wandern – fast ein bißchen uninteressiert. Das wirkt ungemein lässig!

Ist er Raucher, spielt er mit seiner Zigarette, raucht hastiger oder führt sie zum Mund, ohne daran zu ziehen. Oder er streichelt sie unbewußt mit dem Finger. Das soll soviel heißen wie: »Ich finde Sie anziehend.«

Es kann aber auch sein, daß er sich beim Zuknöpfen seines Jacketts wohlig rekelt – ohne Rücksicht auf eventuelle Zuschauer. Er meint damit: »Na, wie komme ich bei Ihnen an?«

Eine meiner Freundinnen, eine recht erfahrene Partygängerin, hat für dieses Gebaren einen in jeder Beziehung treffenden Satz geprägt. Sie sagt dann immer: »Meine Güte, schau hin, der gockelt aber wieder!«

Abgesehen vom Gockeln kommen uns die Männer ganz schön frech, wenn sie flirten. Und das ist auch nicht gerade das schlechteste. »Na, Sie haben sich aber heute wieder schick gemacht. Gibt es den Pulli auch in Grün?« Wenn Ihnen so etwas – nach einem tiefen Blick in die Augen – passiert und Sie ganz genau wissen, *daß* Sie heute einen grünen Pulli tragen, dürfen Sie sich nicht verunsichern lassen. Denn aus der Tatsache, daß er auf Sie zugeht, spricht Interesse, wenn es auch zuerst recht aggressiv klingt. Wenn Sie ihm dann eine gepfefferte Gegenantwort an den Kopf geworfen haben, finden Sie sich vielleicht schon ein paar Minuten später mittendrin – im schönsten Flirt. Und in dieser etwas bissigeren Spielart kann ein Flirt sogar noch weitaus prickelnder und amüsanter sein als sonst.

Aber eins muß trotzdem noch gesagt werden: Die Herren der Schöpfung müssen beim Flirten immer wieder mal große Enttäuschungen hinnehmen, weil sie wirklich unschuldige Signale als sexuelle Botschaften mißverstehen.

So halten es zum Beispiel nicht wenige Männer für ein eindeutiges Angebot, wenn Frauen durchsichtige Blusen tragen oder keinen BH unterm Pulli beziehungsweise sich in einen aufreizenden Rock gezwängt haben. Männer fühlen sich durch reizvolle Aufmachung eben sexuell angesprochen.

Sie sehen also, daß beim Flirten alles erlaubt ist – wenn auch manchmal mit einigem Vorbehalt –, was Spaß macht. Nur dürfen Sie auf keinen Fall vergessen, Ihre eigene Persönlichkeit mit einzubringen; tun Sie es nicht, ist jede Mühe umsonst.

Und bitte bleiben Sie immer locker. Denn wenn Sie sich gegenseitig anstarren wie die berühmte Schlange das Kaninchen, dann ist alles verdorben.

Der halboffene Mund und das dem Gegenüber demonstrativ offen zugewandte Gesicht signalisieren Interesse, fordern zu ›mehr‹ auf. Gerade den sich sanft trennenden weiblichen Lippen kommt optisch große Symbolkraft zu.

2

SPRACHE DER LIPPEN

Was man mit Küssen sagen kann...

Ich glaube, der allerschönste Liebesbeweis ist nicht eine gutformulierte Liebeserklärung mit passendem Blumenstrauß als schmückendes Beiwerk, sondern der Kuß. Man begehrt und wird begehrt – ohne ein einziges Wort darüber zu verlieren. Und um genau dieses wortlose Zeichen der Zuneigung ranken sich viele Geschichten.

Die mit Sicherheit erfolgreichste Erfahrung mit einem Kuß hatte einmal ein Frosch. Sie wissen schon, welchen ich meine: nämlich den Frosch, der durch den Kuß eines Mädchens zu einem Prinzen wurde. Um nun ganz korrekt zu sein: Es handelte sich bei diesem Frosch um einen verwunschenen Prinzen. Der Kuß hatte ihn erlöst. Soviel zu dem Kuß aus dem Märchen.

Auch wenn der Kuß in Wirklichkeit keine so märchenhaften Folgen zeigt, so war und ist er doch zu allen Zeiten höchst genußreich und bewegt seit jeher die Gemüter der Menschen. Denken Sie doch bitte mal an Ihren allerersten Kuß. War doch schön – oder?

Ich bin sicher, daß Sie keine Anleitung brauchen, wie man richtig küßt – aber der Kuß gehört mit zur Körpersprache, und in der Körpersprache der Erotik gar spielt er als eines der wichtigsten ›Kommunikationsmittel‹ eine bedeutende, vielfältige Rolle, die Ihre besondere Aufmerksamkeit verdient: sei es der höfliche oder aber heimlichleidenschaftliche Handkuß, das unverbindliche Wangenküßchen, der freundschaftliche oder vertraute Kuß oder aber der knisternd erotische Kuß – und schließlich der Zungenkuß, der uneingeschränkte Intimität verspricht.

Und noch etwas bringt das Küssen an den Tag: die Liebe. Denn wenn es mit der nicht mehr stimmt, dann ist auch hinsichtlich der Sexualität nicht mehr sehr viel zu erwarten.

Klar! Aber hätten Sie gedacht, daß Partnerschaftsprobleme sich erst beim Küssen zeigen? Daß Küssen ein viel sensiblerer Gradmesser für eine Beziehung ist als der Beischlaf?

Wenn ein Paar sich nur noch flüchtig küßt, dann kriselt es meistens bereits. Und zwar auch dann, wenn die beiden nach wie vor miteinander ins Bett gehen.

Von dieser Erfahrung gehen die Sexualtherapeuten aus. Denn: Zärtliche und innige Küsse, so meinen sie, sind nur dann möglich, wenn man seelisch harmoniert. Und wenn man sich gefühlsmäßig verbunden fühlt. Miteinander schlafen aber kann man auch ohne große innere Beteiligung.

Sie sehen schon, Küssen ist eine ganz besondere Sache, und deshalb möchte ich Ihnen noch einiges Wissenswertes darüber erzählen. Zum Beispiel, wer wohin geküßt werden möchte. Die Sexologen fanden heraus, daß die Deutschen es am liebsten immer wilder und immer intimer haben, um Sinnlichkeit und Sex ›wortlos‹ zu genießen.

Lippenbekenntnisse

Sie erinnern sich, elf Sekunden hat es nur gedauert, aber es war ein echter Skandal: Im Film ›*Verdammt in alle Ewigkeit*‹ küßten sich Anfang der fünfziger Jahre (1953) Burt Lancaster und Deborah Kerr derart inbrünstig, daß Amerikas Frauenverbände die Tugend des Landes gefährdet sahen. In Protesttelegrammen fragten sie: »Was müssen wir uns denn noch alles bieten lassen?«

Dies zum Beispiel: Die Küsse rutschen immer tiefer, Zungenküsse verlieren an Bedeutung, Körperküsse sind ›in‹, auch an sehr intimen Stellen. Das hat die Gesellschaft für Rationale Psychologie in München in Untersuchungen festgestellt.

Die neuen erotischen Kußzonen sind Hals, Nacken, Schenkel und Ohren beim Mann. Bauchnabel, Po und Achselhöhle bei der Frau.

Diplompsychologe Henner Ertel: »Natürlich küssen sich die meisten Menschen noch auf den Mund. Das ist auch am einfachsten. Aber in der Hitparade der sexuellen Kußwünsche wird deutlich, daß der ganze Körper eine erogene Zone ist. Der kreative Kuß ist deshalb der Kuß der Zukunft.«

Kim Basinger, die blonde amerikanische Schauspielerin, über den Kuß: »Küsse sind das Aufregendste, was es für mich gibt, spannender als alles, was folgt.« Sie hat in dem Film ›*9½ Wochen*‹ zusammen mit Mickey Rourke auf der Leinwand das kulinarische Küssen eingeführt: Nach Einbruch der Dunkelheit öffnet Mickey die Tür des Kühlschranks. Eiskaltes Licht streift Kim. Dann folgt eine der heißesten Szenen: Mickey füttert Kim mit reifen Erdbeeren, der Saft läuft über ihr Kinn, tropft auf den Ansatz der Brust. Mickey bestreicht ihren ganzen Körper mit Honig. Dann küßt er sie – überall. Auf seinen Lippen mischt sich der prickelnde Geschmack ihrer Haut mit der schweren Süße von Erdbeeren und Honig.

Das ist ein Fortschritt im Vergleich zu den Küssen des Westernhelden John Wayne. Die Psychologin Judith Behr, die seine Filme begutachtet hat, meint: »Er steht in seiner ganzen hilflosen Größe neben einer viel zu kleinen Frau, und wenn nun auch der Dümmste kapiert hat, daß sie ›will‹, macht er immer noch nichts. Irgendwann reißt er die Frau mit einer zackigen Bewegung an sich und preßt seine Lippen auf ihre – und wie! Das sieht man vor allem an der Anspannung seiner Nackenmuskeln. Dadurch entstehen hydraulische Werte, die durchaus Angst und

Schrecken einjagen können. Und genau das soll ein Kuß ja eigentlich nicht! Aber im Film ist eben alles anders.«

Bei einem besonders leidenschaftlichen Kuß pressen die Akteure die Lippen mit einem Druck bis zu dreißig Pfund aufeinander. Das ›Schönste‹ dabei dürfte vermutlich die Szene sein, in der für beide alles überstanden ist.

Lassen wir den Filmkuß aber jetzt ganz schnell endgültig beiseite und wenden uns lieber der Wissenschaft zu: Deren Vertreter nämlich befürworten das Küssen voll und ganz, weil es mindestens so gesund ist wie ein Dauerlauf – nur eben viel schöner!

Beim Küssen werden neunundzwanzig Gesichtsmuskeln bewegt und pro Kuß wenigstens zwölf Kalorien verbraucht. Der Blutdruck steigt auf das Doppelte, die Nebennieren setzen das Streßhormon Adrenalin frei, die Bauchspeicheldrüse produziert Insulin.

Menschen, die häufig küssen, leiden seltener unter Magen-, Gallen-, Kreislaufbeschwerden. Sie sind ausgeglichener und fröhlicher. Offenbar verhindert Küssen auch Autounfälle, wenn man es nicht gerade während der Fahrt auf den Vordersitzen praktiziert.

Der Kuß schafft Vertrauen, beruhigt schlechte Nerven, beugt dem Streß vor und wirkt deshalb wie ein Schutzengel. Ich glaube, Sie sind mit mir einer Meinung, wenn ich begrüße, daß die Deutschen sich im Durchschnitt viermal täglich küssen.

Obwohl der Kuß allgemein beliebt und nahezu weltweit verbreitet ist, reden die meisten Menschen nicht gern darüber – eine Tatsache, die mir immer wieder auffällt. Über Sex zu sprechen, dazu können sich viele überwinden. Kommt die Rede aber aufs Küssen, dann geraten fast alle ganz schön ins Stottern. Inzwischen wurde mir auch klar, warum das so ist: Über Sex hat man seit seiner Enttabuisierung in den sechziger Jahren gelernt zu reden, kann offener mit ihm umgehen nach dem Entfernen des Deckmäntelchens der Intimität. Aber – Küssen ist und bleibt nun mal etwas sehr Intimes.

Schon Sigmund Freud hielt die Lippen für einen besonders ›sexualisierten Bereich‹ des Körpers. Zungenküsse sind deshalb nicht nur Vorspiel, sondern echter Sex – und sehr erregend.

»Ein guter Kuß«, schrieb eine Frau in den Fragebogen der amerikanischen Sexualforscherin Shere Hite, »ist manchmal besser als Bumsen – sofern es nicht einer von diesen Küssen ist, die sich wie ein toter Fisch anfühlen und nach ein paar Jahren Ehe an der Tagesordnung zu sein scheinen.«

Eine doch sehr ernüchternde Erkenntnis, wie ich meine!

Ich komme noch mal auf die Gesellschaft für Rationale Psychologie zurück: »Das Ergebnis ist doch ziemlich ernüchternd. Die meisten Männer haben keine Ahnung, wo Frauen am liebsten geküßt werden wollen.« Keiner achtet eben mehr auf den anderen, auf den Körper und seine stummen Wünsche. Nur an den ganz offensichtlichen Stellen stimmen Wunsch und Wirklichkeit einigermaßen überein. Frauen haben allerdings tatsächlich gute Chancen, auf ihre Lieblingsstellen, Lippen, Mundbereich und Brüste, geküßt zu werden.

Und da sind wir wieder bei dem, was uns anerzogen wurde: Die Geschlechtsorgane nämlich – Platz vier der weiblichen Kuß-Hitliste – liebkost nur jeder dritte Mann mit den Lippen.

Aber auch umgekehrt gibt es Probleme! Die Männer mögen am liebsten an den Geschlechtsorganen, am Mundbereich und auf den Nacken oder Hals geküßt werden. An Penis und Hoden setzt jedoch nur jede dritte Frau Lippen oder Zunge ein.

Aber es gibt Hoffnung: Es haben sich ganz neue Kußzonen aufgetan, die man nur entdecken kann, wenn man sich bei der Liebe viel Zeit läßt und zärtlich miteinander umgeht.

Das tun offenbar immer mehr Paare, sonst würden nicht so viele angeben: Ich liebe es, wenn ich in der Achselhöhle, auf die Innenseiten der Oberschenkel oder am Bauchnabel geküßt werde!

Selbst durch die Angst vor Aids lassen sich die meisten Liebespaare heute nicht mehr beim kreativen Küssen stören! Und das müssen sie auch nicht! Der Arzt Dr. Jan Schäfer, Vorstandsmitglied der Deutschen Aids-Hilfe, sagt: »Die Wahrscheinlichkeit, beim zärtlichen Kuß mit dem Virus angesteckt zu werden, ist so groß wie die Gefahr, gleichzeitig von einem Meteoriten und einem Blitz erschlagen zu werden.«

Was die Lippen alles verraten können

Der Mund ist der lebendigste Teil des Gesichts. Freude und Schmerz, Begeisterung und Verachtung werden durch kleinste Bewegungen des Mundes ausgedrückt und sofort wahrgenommen!

Und auch über ihn wird, wie über die ›Nase des Mannes‹ gemutmaßt: »Der Mund einer Frau zeigt, wie ihr Geschlecht aussieht.« Na ja! Ob's stimmt oder nicht, sei dahingestellt. Es mag schon sein, daß da ein Zusammenhang besteht.

Fest steht jedenfalls, daß der Mund sexuelle Erregung ausdrückt. Tut er das nicht, macht sich zumindest in seinem Muskelspiel eine Veränderung bemerkbar.

Tatsache ist auch, daß während sexueller Erregung die Lippen anschwellen, sie sich röten und wölben. Das ist zweifellos der Grund dafür, warum natürlich rote und volle Lippen als genußfreudig und sinnlich bezeichnet werden.

Der berühmte Schmollmund, bei dem die Lippen vorgewölbt werden und ihre Innenseiten teilweise zum Vorschein kommen, ist ein sehr wirkungsvolles erotisches Reizsignal. Und eben das wird von Frauen immer wieder bewußt eingesetzt.

Wenn Sie also zu einem Menschen Kontakt aufnehmen wollen, wenn Sie sich vorher schon ausgiebig zugeblinzelt haben – dann achten Sie darauf, wie die ›Mundbotschaften‹ aussehen:

- Fest geschürzte Lippen, begleitet von einer winzig kleinen Grimasse, bedeuten Unentschlossenheit – so nach dem Motto ›ich weiß nicht recht‹. Oder Ablehnung, wie ›laß mich in Ruhe‹.
- Sanftes Lächeln mit geschlossenem Mund heißt Zustimmung. Dann haben Sie freie Bahn, sich zu entfalten.
- Lachen mit offenem Mund heißt nichts anderes als Freude, Glück und absolutes Wohlbefinden. Jetzt brauchen Sie vor einer eventuellen Abfuhr keine Angst mehr zu haben!

Der Mund verändert sich im Laufe der Zeit, kann einem geschulten Beobachter ein ganzes Leben erzählen.

Die Frau, die über längere Zeit traurig ist, viel lacht oder eher mißmutig ist, verändert durch ihren jeweiligen Langzeitgemütszustand unweigerlich Form, Zeichnung und Fülle der Lippen.

Das ist natürlich nicht von Beginn an so. Zunächst einmal verrät die angeborene Form des Mundes nichts über das Gefühlsleben. Erst im Laufe des Lebens prägen sich alle charakteristischen Spuren ein.

Der weitgeöffnete Mund, der gerade, starre Blick, der den Partner vis-à-vis fixiert, lassen höchstes Interesse und erfolgversprechende Zugänglichkeit erwarten.

Kluge Männer schauen deshalb nicht zuerst auf den Busen, in die Augen oder auf die Beine. Sie registrieren die Form des Mundes. Denn er sagt viel darüber aus, ob sich eine Frau geliebt und damit liebenswert oder aber abgelehnt und damit minderwertig fühlt. Lippenbekenntnisse dieser Art müssen aber nicht sein! Verbissenheit, Verkniffenheit, herabgezogene Mundwinkel wirken unerotisch.

Deshalb kann, wer bewußt darauf achtet, auch bei einem seelischen Tief den Mund von Zeit zu Zeit leicht zu öffnen, ihn zu entspannen, sich selbst und anderen zuzulächeln, nicht nur zu einer positiven und erotischen Ausstrahlung gelangen, sondern auch zu einer inneren Harmonie.

Ein Lippenbekenntnis, das übrigens jeder Mann nur zu gut versteht, ist das sehnsuchtsvolle Streicheln der Oberlippe mit der Hand und die Berührung der Lippen mit der Zunge. Was nichts anderes heißt als ›ich habe Lust, habe Sehnsucht nach intensiveren Berührungen‹.

Damit Lippen sinnliche Berührungen aber intensiv genießen können, muß die Haut glatt und geschmeidig sein. Nichts wirkt abstoßender und unerotischer als rissige und trockene Lippen. Denn das signalisiert dem anderen: »Ich bin ungeliebt, ich werde nicht mehr geküßt.«

Achten Sie also darauf, wenn Sie einem Mann oder einer Frau ins Gesicht sehen – der Mund ist verräterisch:

Ein großer Mund mit klaren Konturen und aufsteigenden Mundwinkeln – das ist hinreichend bekannt – erweckt Vertrauen.

Menschen mit einem kleinen Mund brauchen oft den Rat anderer. Sie sind in ihrer Entscheidungsfreudigkeit sehr unsicher. Frauen sind in der Liebe leicht zufriedenzustellen, Männer zärtliche und einfühlsame Liebhaber.

Breite Lippen bedeuten Sinnlichkeit und schmale signalisieren Egoismus.

Die Lippen sind also durchaus kein Buch mit sieben Siegeln – auch wenn sie fest geschlossen präsentiert werden. Und wenn Sie als Frau mit der Form nicht ganz zufrieden sind, können Sie ja ein wenig nachhelfen. Den Charakter wird's nicht gleich verderben.

Aber denken Sie daran – irgendwann ist die Stunde der nackten Wahrheit!

An den Ohren sollt ihr sie erkennen!

Wenn man mit wachen Augen durchs Leben geht und sich seine Mitmenschen genau ansieht, dann bleibt man bei näherer Betrachtung zwangsläufig auch an den Ohren hängen. Das ist kein Witz, kontrollieren Sie sich mal selbst, wenn Sie jemanden neu kennenlernen! Nicht umsonst heißt es: »Der hat's faustdick hinter den Ohren!«

Die Ohren verraten auf den ersten Blick, wie ein Mensch in der Liebe ist:

- Wen große Ohren zieren, der ist von der Anlage her ein ideenreicher, engagierter und begeisterungsfähiger Typ. Solche Menschen sind erfolgreich und durchsetzungsstark. Und genau das trifft auch auf das Liebesleben zu. So ideenreich und einsatzbereit sie beruflich sind, so verhalten sie sich auch im Bett.

  Wenn einer dann aus noch munteren Augen guckt und ein Lächeln auf den Lippen trägt, dann ist er der geborene Verführer. Und das trifft ebenso auf Frauen zu.
- Mittelgroße Ohren charakterisieren einen eher zurückhaltenden Menschen, der leider oft genug versucht, sich zu beherrschen.

  Das sagt aber nichts über den inneren Kern aus. Die Frauen verhalten sich beim Kennenlernen und Flirten ausnahmslos zurückhaltend. Doch hat man sie erst einmal für sich gewonnen, bricht die volle Leidenschaft durch. Dann werden solche Menschen zu einem echten Vulkan.

Aber Vorsicht! An mittelgroßen Ohren mit dicken Ohrläppchen erkennt man gleichfalls den Egozentriker, die Egozentrikerin, die auch beim Sex nur an ihre eigenen Bedürfnisse denken und sich schwertun, auf die Wünsche des Partners einzugehen.

- Wer kleine Ohren hat, der liebt alles, was schön ist. Solche Menschen sind absolute Ästheten. Auf jeden Fall sind ihnen Harmonie und Romantik wichtig.

  Das allerdings trifft nur zu, solange die Ohren schmal und apart aussehen. Dann sind solche Menschen absolut sinnlich, verwöhnen den Partner genüßlich nach Strich und Faden.
- Menschen mit abstehenden Ohren sind humorvoll, verletzlich, feinsinnig und lustbetont, während angewachsene Ohrläppchen auf einen eigensinnigen, etwas prüden Zeitgenossen hinweisen, der immer der Anführer sein möchte – auch wenn's um Sex geht.

Sie sollten also, bevor Sie auf alle anderen Körpersignale eingehen, erst mal einen Blick auf die Ohren werfen. Ist doch recht aufschlußreich – finden Sie nicht auch?

Was der Po über die Frauen verrät

Wesentlich ›aussagefähiger‹ ist aber das weibliche Hinterteil, das ja bekanntlich Männer zu den wildesten Phantasien hinreißt. Es gibt regelrechte ›Popo-Logen‹, die ganz genau Bescheid wissen.

Kein Körperteil verrät soviel über das weibliche Geschlecht wie dessen Rückfront. Und damit Sie wissen, warum Männer gerade beim Anblick eines verlängerten Rückgrats oft runde, glänzende Augen bekommen, seien mir an dieser Stelle ein paar kurze Definitionen hierüber gestattet:

Kleiner, knackiger Po

Diese Frauen sind am erfolgreichsten. Sie geben sich ungezwungen, naturverbunden, kumpelhaft. Sie sorgen sich mehr um ihren Allerwertesten als um ihren Busen.

Birnenförmiger Po

Nach Meinung vieler ›Experten‹ sind solche Frauen etwas langweilig und gehemmt im Umgang mit Männern. Dafür ist die ›Birnen-Frau‹ aber absolut treu.

Flacher Po

Er ähnelt in seinem Charakter dem Birnen-Po. Wenn diese Frau jedoch einen Mann länger kennt, kann man mit ihr Pferde stehlen.

Knochiger Po

Dieser deutet auf Launenhaftigkeit und seelische Unausgeglichenheit hin.

Runder Po

Solche Frauen sind anschmiegsam und zärtlich. Sie leben aber auch ihre Häuslichkeit voll aus und wollen in jeder Beziehung auf Nummer Sicher gehen.

Falls Ihnen, meine Herren, derartige Eigenschaften wichtig sind, dann betrachten Sie sich eine Frau erst mal von hinten. Bevor Sie anfangen, gezielte Blicke auszusenden.

Stehen Sie endlich zu Ihrem Körper!

Damit meine ich nichts anderes als: Auch wenn Sie ein paar Pfund zuviel auf die Waage bringen, sind Sie liebenswert und verströmen eine starke erotische Ausstrahlung.

Begehen Sie nicht den Fehler, sich wie eine graue Maus zu verstecken. Lassen Sie Ihren Körper sprechen – denn Mollige sind glücklicher als Schlanke und haben mehr Spaß am Sex!

Machen Sie Schluß mit dem Kampf gegen die Pölsterchen, statt Diät ist Zufriedenheit mit der Rundlichkeit angesagt! Zudem bringen zehn oder fünfzehn Pfund mehr auf der Waage auch ein Plus an Lebensqualität:

Während bei Männern die Fettproduktion etwa im Alter von vierzig Jahren nachläßt, legen Frauen noch bis fünfundfünfzig zu. Das hat einen guten biologischen Grund: Das höhere Gewicht regt den Östrogenhaushalt an.

Das Resultat: Mollige Frauen haben eine schöne Haut, volleres Haar, ein stabileres Immunsystem – und ein besseres Liebesleben und mehr Sex-Appeal!

Rundliche Menschen ruhen in sich, machen einen glücklichen und zufriedenen Eindruck – und strahlen diese Gefühle auch aus.

Und wenn Sie ein Mann sind, der Bauch ›trägt‹, dann seien Sie darüber glücklich. Denn füllige Männer sollen die besten Liebhaber der Welt sein.

»Schlanke Männer sind zumeist unerträglich eitel. Und ein eitler Mann ist immer ein schlechter Liebhaber!« Sophia Loren, von der dieses Zitat stammt, muß es wissen. Ihrem Mann Carlo Ponti kann man nun wirklich nicht nachsagen, jemals in seinem Leben rank und schlank gewesen zu sein. Und die italienische Diva bestätigt deshalb auch weiter: »Rundliche Männer können genießen. Das Leben und natürlich auch die Liebe.«

Das heißt nichts anderes als Augen auf, wenn Sie einen Mann mit Bauch anfixiert haben: »Dem Bauch eines Mannes sieht man an, ob er ein Genießer ist oder nicht.«

Und glauben Sie mir – ich spreche aus Erfahrung: Sich an einen echten ›Genießerbauch‹ zu kuscheln, ist etwas Wunderbares!

Das Spiel mit der Kette hat natürlich tiefere Bedeutung. Der Blick des Betrachters soll dorthin folgen, wo die Kette herkommt: in den Ausschnitt. Während der Blick des Mädchens von schräg unten auch abweisend sein könnte, betont er hier die Einladungssignale: offenes Handgelenk, aufforderndes Lächeln. »Wie wär's?«

3

HÄNDE SPRECHEN BÄNDE

Wie merke ich denn, daß er mich mag?

Das ist eine Frage, die mir bestimmt schon tausendmal gestellt wurde. Aber nicht nur Frauen wollen das immer wieder wissen. Auch die Männer möchten sich darüber im klaren sein, woran sie sind, wenn sie ›auf die Pirsch gehen‹ und die Frau ›aufgespürt‹ haben, die ihnen gefällt.

Um ehrlich zu sein, eine allgemeingültige Antwort gibt's nicht. Das kann jeder nur für sich selbst in Erfahrung bringen – und zwar noch am ehesten, wenn er seine eigenen Reaktionen auf den anderen überprüft.

»Haben Sie eine Pistole in der Tasche, oder freuen Sie sich so, mich zu sehen?« soll Filmdiva Mae West einmal gefrotzelt haben. Ob's nun stimmt oder nicht – sie hat auf jeden Fall damit das Urproblem der Körpersprache gelassen ausgesprochen:

Hat er wirklich Interesse an mir, oder verschwende ich eigentlich nur meine kostbare Zeit?

Streicht er sich durchs Haar, weil er mir gefallen will? Oder jucken ihn bloß seine Schuppen?

Männer, die anfallsartig beginnen, an ihren Socken zu zerren, die ihren Hosenbund hin- und herzerren, Jackett oder Barthaare unentwegt ordnen oder hektisch an der Krawattenfeineinstellung nesteln, zeigen Balzverhalten! Ganz eindeutig!

Das Männchen putzt sich. Es windet sich in all diesen lächerlich anmutenden Verrenkungen, weil es dem Weibchen gefallen möchte.

Dieses wiederum wird vermutlich nicht mit einem zweimaligen Sockenhochziehen antworten, sondern Unmengen von unsichtbaren Krümeln vom Rock schnipsen oder an den Ohrringen fummeln.

Gebalzt wird nämlich nie allein – wäre ja auch zu langweilig –, sondern immer im Dialog!

Da schüttelt nicht nur der Partylöwe seine gewaltige Mähne, sondern auch die graue Maus versucht sich in Szene zu setzen.

Die wichtigste Regel der Körpersprache lautet denn auch: »Nur wer sich seiner eigenen Signale bewußt ist, kann die Körpersprache der anderen verstehen.«

Wer zum Beispiel über seine sogenannten Selbstkontakt-Gesten genau im Bilde ist, erkennt sie auch beim Flirtpartner:

Man berührt sich dauernd selbst. Gibt dem eigenen Körper lauter flüchtige, kleine Streicheleinheiten. Die Beine reiben sich aneinander; Hände streichen über Schultern und Brust. Eine Hand massiert die andere. Der Kopf kuschelt sich an die eigene Schulter.

Wissen Sie, was das alles bedeutet? Nichts anderes als: »Bitte, ich möchte, daß du mich genauso anfaßt und streichelst.«

Aufgepaßt – jetzt geht's um Sieg oder Niederlage!

Menschliche Turteltauben schauen einander voll ins Gesicht, bevor sie sich bemühen, sich von ihrer Schokoladenseite zu zeigen.

Bei gegenseitiger Sympathie wird dann der Körper voll zugewandt. Jeder versucht dem anderen direkt gegenüber zu sein. Kopf und Körper neigen sich einander zu, Hände und Beine eher parallel plaziert, die Haltung an sich ist weit, breit und offen – ebenso wie die darin ausgedrückte Botschaft: »Ich bin ganz offen für dich.«

Abgewandte Körperpositionen und Barrieresignale bedeuten Ablehnung!

Wendet sich der Gesprächspartner zur Seite und mustert die Architektur des Raumes oder ein Bild eingehender als den nur über die Schulter betrachteten Flirt – dann hat's eben nicht gefunkt!

Auch wer die Arme vor der Brust verschränkt, den Unterarm quer vor sich auf den Tisch legt oder überhaupt mit einem Arm oder Bein die Körpermitte kreuzt, signalisiert überdeutlich: »Keine Chance, mein Freund – zwischen uns steht etwas.«

Was aber bitteschön nicht heißen muß, daß ›es‹, was immer es auch sei, nicht aus dem Weg geräumt werden kann.

Kann ja sein, daß man der neuen Eroberung auch nur allzu schnell aufs Fell gerückt ist.

Nicht die geringste Chance haben Sie, wenn Ihr Flirtpartner entweder geschäftsmäßig lächelt (Sie wissen schon: dabei werden nur die Lippen verzogen, die Augen nehmen nicht an dem Lächeln teil, der Blick geht durch Sie hindurch) oder beim Sprechen die Hand schließt, also zur Faust ballt, oder wenn er die Beine ineinanderschlingt und dabei noch die Hände aufs Knie legt.

Das alles heißt nichts anderes als: »Ist schon gut, aber laß mich jetzt in Ruhe.«

Die Intimzone beträgt immer ungefähr eine halbe Armlänge. Und sie darf wirklich nur mit ausdrücklicher Genehmigung betreten werden. Wer einfach so hineinplatzt, der wird mit Nichtbeachtung bestraft oder sogar prompt wieder hinausgeworfen. Ist ja auch sehr einleuchtend – oder würden Sie es toll finden, wenn wildfremde Menschen ohne anzuklopfen plötzlich mitten in Ihrem Wohnzimmer stehen?

Direkter Körperkontakt – das längere Aufliegenlassen der Hand also, die gehäuften flüchtigen Berührungen – wird erst wichtig, wenn schon mehr Vertrauen in die gegenseitige Zuneigung besteht.

Die wichtigste Frage beim Entschlüsseln von Körpersprache heißt aber: »Verhält sich die Frau oder der Mann eindeutig?«

Lächeln, Lachen, Scherzen, Blödeln, Zwinkern und Blinkern – das kann jeder.

Ein ganzes Stockwerk tiefer jedoch wird enthüllt, ob die hineingehauchten Komplimente nur Larifari-Sprechblasen sind oder ehrlicher Verwirrung entstammen.

Füße und Beine führen, weit weg vom kontrollierenden Kopf, ihr totales Eigenleben und sprechen für sich:

So schlägt in einer stehenden Gruppe nur dem Sympathie entgegen, auf den die Fußspitzen der anderen zeigen oder der sich innerhalb des von ihnen angedeuteten Winkels aufhält.

Auch die Hände verraten einiges:

Wer wirklich flirtet, gestikuliert viel und heftig. Die innere Unruhe bringt die Arme in Bewegung, wobei die dabei ständig gezeigten Handinnenflächen die Absicht demonstrieren, an- und auch aufzunehmen. Das Zeigen der Handinnenflächen drückt aber auch aus, daß gegenseitiges Vertrauen entstanden ist.

Und schließlich besorgt die Ausdrucksweise von Augen und Mund den Rest.

Rote Wangen und viel Gelächle mit offenem Mund verkünden erfreutes und wahres Interesse. Die Lippen werden voller, und die Zunge schiebt sich häufig dazwischen. Das Nervensystem flattert in freudiger Erregung.

Das Blut schießt ins Gesicht, und der Mund trocknet aus. Das ist der Grund, warum man sich viel und häufiger als sonst die Lippen befeuchtet.

Und wenn dann einer in der ganz heißen Flirtphase öfter mal zum Glas greift – wichtig zu wissen für die Zukunft –, dann handelt es sich nicht um einen Alkoholiker, sondern um den Ausdruck einer prickelnden Nervosität.

Leicht zu Mißverständnissen führt übrigens noch folgendes Verhalten: Es ist plumpe, glatte Anmache, der Reihe nach verschiedene Körperteile seines Gegenübers intensiv in Augenschein zu nehmen. Das wirkt wie das Taxieren eines Objekts, das man bei Gefallen auch kaufen wird.

Denn gerade die kleinen, schnellen Blicke, mit denen der Flirtpartner bombardiert wird, sind es, die zur Körpersprache gehören. Ebenso wie die weitgeöffneten Augen mit den hochgezogenen Augenbrauen und den vergrößerten Pupillen.

Der lange, versunkene, verheißungsvolle Blick, den kein Außenstehender zu kreuzen wagt, setzt dagegen schon sehr viel Einverständnis voraus.

Mir bleibt zum Schluß dieses Kapitels nur noch, Ihnen viel Glück beim Entschlüsseln all dieser Signale zu wünschen.

Sie sollten allerdings nicht immer gleich sofort aufs Ganze gehen. Ich sage Ihnen auch, warum: weil geweitete Pupillen vielleicht nur signalisieren, daß Ihr Gegenüber kurzsichtig ist, und für den Selbstkontakt möglicherweise ein kratzender Pulli verantwortlich ist.

Und vermissen Sie das Haltungsecho? Es könnte sein, daß Ihrem Flirtpartner gewisse Bewegungen Schmerzen bereiten, er sie also deshalb tunlichst unterläßt.

Auf die Haltung kommt's an

Meine Mutter hat immer gesagt: »Halt dich gerade, Kind, oder willst du durch die Gegend laufen wie ein geprügelter Hund?«

Recht hatte sie damit, denn wie man sich hält, so fühlt man sich, und dementsprechend fällt auch die Wirkung auf unsere Mitmenschen aus. Deshalb möchte ich Ihnen jetzt einiges darüber sagen. Damit Sie sich selbst besser kontrollieren und andere besser einschätzen können.

Der Hals

Er bestimmt, wohin sich der Kopf wendet. Der Hals signalisiert, worauf wir unsere Aufmerksamkeit konzentrieren, welche Bedeutung wir einer Angelegenheit zumessen. Nicken, Kopfschütteln, das leichte Vorbeugen zur Begrüßung, das kurze Heben des Kopfes bei Erstaunen – das sind allgemeinverständliche Signale. Wie wir aber gewohnheitsmäßig unseren Kopf tragen, zeigt, auf welche Art wir zur Welt stehen.

Der vorgestreckte Hals verrät den Menschen, der seiner Umgebung zuerst mit dem Kopf begegnet und Verstehen über Fühlen und Empfinden stellt. Der Stolz, der sich im aufgerichteten Nacken zeigt, ist sprichwörtlich: Hocherhobenen Hauptes geht man durchs Leben, hat keine Angst, sucht keinen Streit, weicht Konfrontationen aber auch nicht aus.

Ein allzu steifer Nacken signalisiert Halsstarrigkeit. Hier sitzen die Aggressionen und nicht etwa der Schalk im Nacken.

Die Schultern

Für ihre tragende Rolle brauchen sie Format. Sie verdeutlichen, wie ein Mensch auf die Anforderungen des Lebens reagiert. Ob er sich die Last der ganzen Welt aufpackt oder unbekümmert alles auf die leichte Schulter nimmt.

Hochgezogene Schultern bedeuten Angst. Wenn ein Mensch erschrickt, sausen sie blitzartig nach oben. Verharren sie dort in Dauerstellung, heißt das, ein Mensch lebt in ständigem Erschrecken, ständiger Angst.

Hängende, vorwärtsgebeugte Schultern lassen den Schultergürtel schmaler wirken. Sie signalisieren: »Tu mir nichts, ich tu dir auch nichts.«

Breite Schultern signalisieren: »Mir kann keiner, ich bin stark.«

Sind sie dagegen extrem zurückgezogen, so ist Vorsicht geboten: Bitte nicht anlehnen – hier schlummert eine geballte Ladung Aggression!

Die Brust

Was wirklich zu Herzen geht, nimmt oft die Luft weg. Traurigkeit und Sehnsucht entlocken unserem Brustkorb die herzzerreißendsten Seufzer – nicht ohne Grund: Eine tiefe Atmung verstärkt Gefühle, flache Atmung verhindert sie.

Wer sich ständig wie King-Kong in die Brust wirft, hat seinen Brustkorb im Einatmungsstadium eingefroren. Er ist im wahrsten Sinn aufgeblasen. Er scheint keine Hilfe zu brauchen und hat in dieser Starre keinen Platz für warme, weiche Gefühle.

Der Bauch

Er ist der Nabel unserer Welt. Wer sich den Bauch vor Lachen hält, wirkt nicht nur sympathisch, sondern erntet Anerkennung für seinen inneren Einklang.

Wir halten Nabelschau und wenden uns unserer Mitte, unseren Gefühlen zu. Deren Ursprung liegt im Bauch. Von dort spüren wir Wut, Eifersucht und Enttäuschung in uns aufsteigen.

Der Bauch ist darüber hinaus der Bereich von Macht und Kontrolle. Denn je stärker wir mit unserem Innern verbunden sind, desto selbstbewußter können wir auch auftreten.

Übrigens, ein ewig eingezogener Bauch (sei es aus modischen Gründen oder dergleichen) schränkt die Atmung ein. Die Gefühle können aus den Eingeweiden nicht heraus. Verdauungsstörungen und Antriebslosigkeit gesellen sich zu der Angst, ›auf den Bauch zu fallen‹.

Der Rücken

Macht man ihn steif, gibt's Ärger. Ein schöner Rücken kann auch entzücken, heißt ein doch recht spöttisches Sprichwort. Spöttisch insofern, als auf dem Rücken keine primären sexuellen Merkmale zu finden sind. Ein tiefer Rückenausschnitt wirkt nur deshalb so sexy, weil viel Haut verheißungsvoll auf andere Körperteile wie Po und Vorderseite hinweist.

Wer sein Kreuz steif hält, der will sich offensichtlich niemals beugen. Er kann nicht nachgeben und muß selbst um Kleinigkeiten streiten. Ohne Flexibilität in der Lendengegend sind spontane Gefühle gebremst.

Hat jemand den sprichwörtlichen Stock verschluckt, dann macht er sich größer als er eigentlich ist. Es heißt nichts anderes als: »Achtung, ich bin größer, ich bin überlegen.«

Aus dem locker aufrechten Rücken kommt das Gefühl für Selbstbehauptung, ob man Rückgrat zeigt oder nicht.

Wessen Wirbelsäule sich aber immer nach vorn neigt, der ist auch gebeugt und erlebt eher Gefühle von Kraftlosigkeit und Depressionen.

Das Becken

Hier lauert die Leidenschaft. Als Sitz der Sexualität spielt das Becken natürlich auch in der Mode immer eine große Rolle. Die Betonung der Hüfte in früheren Zeiten durch Reifrock und Korsett versinnbildlichte in dieser Hinsicht eine deutliche Körpersprache: Liebesbereitschaft und Empfänglichkeit.

Eine schmale Taille signalisiert: »Ich bin nicht schwanger«, oder noch deutlicher und auf drastische Weise völlig logisch: »Du kannst mich auch nicht schwanger machen.«

Die Stellung des Beckens beeinflußt die ganze Körperhaltung sehr entscheidend. Seine Beweglichkeit unterscheidet den steifen vom lockeren Tänzer. Wer Bewegungen aus dem Becken heraus beherrscht, gewinnt erst die nötige Kraft für Sport und Spiel.

Er zieht den Schwanz ein, sagt man und möchte auf diese Weise zu verstehen geben, daß die betreffende Person das Steißbein nach vorn drückt. Daraus ergibt sich ein flacher Po, der eingekniffen wirkt. Das nach vorn gedrängte Becken unterbricht den Gefühlsfluß zwischen Beinen und Oberkörper. Die Sexualität und damit ein Großteil der Lebendigkeit und Spontaneität ist blockiert.

In einem demonstrativ ausgestreckten Hinterteil steckt eine geballte Ladung Energie, die anderswo nicht recht zum Ausdruck kommt. Das nach hinten gedrückte Bekken ist bereit, vorzustoßen – aber nichts geschieht. Die Angst, die Kontrolle über sich selbst zu verlieren, überwiegt. In dieser Furcht liegt der Grund für eine unbefriedigende oder problematische Sexualität.

Die Beine

Sie sind die Säulen der Selbständigkeit. An ihnen lassen sich unser Selbstverständnis und unsere Fähigkeit zu Bewegung und Veränderung ablesen.

Wer im Leben auf schwachen Beinen steht, ist vermutlich nicht auf Bewegung und Veränderung erpicht. Ein solcher Mensch sucht Geborgenheit, Sicherheit, Unterstützung. Fehlende Selbständigkeit führt auf Dauer in die

Abhängigkeit und somit zu leicht überhöhten Anforderungen an einen Partner.

Steife und staksige Beinbewegungen lassen auch sonst auf wenig Flexibilität schließen, verbunden mit einem häufig unnachgiebigen Verhalten. Wer nicht in die Knie gehen will, der drückt sie durch. Diese Haltung sagt klar: »Ich will nicht klein beigeben.«

Die Füße

Fest in Leder gepackt, führen die wichtigsten Instrumente unserer Fortbewegung unter dem Tisch ein schummriges Eigenleben. Das macht sich der erfahrene Körperleser zunutze:

Während beispielsweise der Oberkörper ganz aus kühler Pose besteht, verrät das Gescharre unterm Tisch die versteckten Ängste (angedeutete Weglaufbewegungen) und Aggressionen (Tretbewegungen). Auf den wenigen Quadratzentimetern Fußfläche steht also unser kompletter Organismus. Wenn mit dem Fundament etwas nicht in Ordnung ist, wirkt sich das auf das gesamte Bauwerk aus. Und ob wir mit beiden Beinen auf der Erde stehen, hängt von der Beschaffenheit unserer Füße ab.

Wer seine Zehen in den Teppich krallt, versucht insgeheim, seine Unsicherheit durch Vernunft und starke Selbstkontrolle auszugleichen. Auch im übertragenen Sinn tritt dieser Mensch nicht fest auf und läßt sich leicht aus dem Gleichgewicht bringen.

Wer häufig auf den Zehenspitzen einhertänzelt, hat ebenfalls keinen leichten Stand im Leben. Man bewegt sich im Reich der Träume und Phantasien – ist also ein ›Traumtänzer‹.

Fest in den Boden gerammte Hacken können den ›Umfaller‹ entlarven. Er gaukelt eine Stabilität vor, über die er nicht verfügt. Er hängt seine Fahne nach dem Wind, besonders dann, wenn er ›kalte Füße‹ bekommt. Und das passiert ihm recht leicht.

Das sind sie also, die Signale, die von unserem eigenen Körper ausgehen. Ich möchte Ihnen aber noch eine zusätzliche Hilfe anbieten.

So lernen Sie, Signale besser zu verstehen

Ein großer Spiegel ist das beste Hilfsmittel, um besonders Wichtiges aus Ihrer Haltung herauszulesen. Stellen Sie sich in einer stillen Stunde möglichst nackt, entspannt und mit zunächst geschlossenen Augen davor auf.

- Gehen Sie im Geist die einzelnen Körperteile durch, indem Sie versuchen, diese zu erspüren. Dann öffnen Sie die Augen wieder und vergleichen das Gefühlte mit dem Spiegelbild. Stimmen innere und äußere Wahrnehmungen überein – zum Beispiel, daß Ihre Schultern auch im Spiegel so gerade aussehen, wie Sie sie empfinden?

  Gehen Sie die Körperteile auf jeden Fall einzeln durch – das übt die realistische Selbsteinschätzung.
- Verändern Sie nun die Körperhaltung nach Wunsch genauso, wie sie dem Idealbild entspräche. Die neue Haltung nur wenig übertreiben, denn Sie können Ihre Körpersprache um so besser verstehen, je weniger Sie ins Extrem fallen. Welche Gefühle verspüren Sie bei der geringsten Veränderung? Sind sie Ihnen angenehm? Was ist ungewohnt an dieser Position? Was für ein Mensch wären Sie in der neuen Körperstellung? Was würde sich in Ihrem Leben ändern, wenn Sie ständig so herumliefen? Was ist angenehmer, was ist unangenehmer im Vergleich zu Ihrer gewohnten Haltung?

Selbstkontaktgebärden haben stets einladende, auffordernde Bedeutung. Die berührte Körperpartie soll vorgezeigt, angeboten werden. Das Darüberstreichen vermittelt unbewußt die Botschaft: »So möchte ich hier von dir gestreichelt werden!« Offene Kopf- und Körperhaltung, verträumter Blick und geöffnete Lippen unterstreichen die Wirkung.

- Ahmen Sie nach! Nehmen Sie die Haltung, den Gang, die Bewegungen anderer Menschen an und spüren Sie, was Sie jetzt empfinden. Wie wäre Ihnen zumute, wenn Sie in einem fremden Körper leben würden? Achten Sie darauf, was Ihnen ganz spontan als erstes einfällt.
- Schauen Sie sich Fotos von Ihnen auf Körpersprache hin an. Schnappschüsse sind oft sehr entlarvend. Kinder- und Jugendbilder zeigen möglicherweise, wann sich Ihre Körpersprache wesentlich verändert hat. Was ist damals in Ihrem Leben passiert? Ziehen Sie daraus Verbindungen.

Ich finde, ein Versuch lohnt, seinen eigenen Körper und dessen Sprache einmal ganz genau unter die Lupe zu nehmen. Schließlich bietet sich für Sie der Vorteil des geschulteren Auges für das, was sich Ihnen ›anbietet‹.

Die Sprache der Hände spricht Bände

Hände können streicheln, sie können zupacken. Die Hände sind ein verräterischer Gradmesser unserer Gefühle, denn durch sie offenbaren wir am häufigsten unsere momentane Gefühlsverfassung. Beim Flirten öffnen wir sie, zeigen dem anderen dadurch an, daß wir ihm völlig vertrauen.

Aber was macht Ihr Partner mit seinen Händen, wenn Sie ihm gegenübersitzen? Ich bin der Ansicht, daß Sie da genau aufpassen sollten, denn Hände und Finger verraten, was er denkt:

Hände auf dem Schoß, Handflächen nach oben, Finger verschränkt. Ihr Gegenüber will sagen: Ich möchte so gern, daß du mich verstehst. Ich brauche deine Hilfe. Oder aber: Nimm mich doch mal in den Arm.

Eine Hand umschließt die andere: Das verrät Angst, überrascht zu werden – oder jemand hat das Gefühl, Sie übervorteilt zu haben.

Versteckte Hände: So verhält sich ein Geheimniskrämer. Er möchte verhindern, daß Sie seine Gedanken lesen. Oder aber: Er will den Kontakt zu Ihnen abbrechen.

Hinter dem Kopf verschränkte Hände: Ihr Partner denkt nach, wägt verschiedene Möglichkeiten ab. Sie können in dieser Situation sagen, was Sie wollen – es wird keinen Einfluß auf seine Entscheidung haben.

Hände im Nacken lassen einen ganz lockeren, offenen Mensch erkennen. Besprechen Sie mit ihm alles Wichtige – oder gestehen Sie ihm, daß Sie sich in ihn verliebt haben. Dafür ist er in dieser Haltung besonders aufgeschlossen. Aber sitzt Ihnen jemand in dieser Haltung gegenüber, dann verkraftet er auch lockerer als gewöhnlich eine schlechte Nachricht. Sicherlich auch die, daß Sie nichts von ihm wissen wollen.

Und das signalisieren Ihnen folgende Fingerspiele:

Starkes Interesse: Hände auf dem Schoß, Handflächen nach oben, Finger ausgestreckt; Ihr Gegenüber ist ernsthaft an Ihnen interessiert, möchte Ihnen seine Gefühle mitteilen.

Ungeduld: Die Daumen kreisen umeinander, oder die Fingerspitzen klopfen gegeneinander. Er ist ein ungeduldiger Mensch. Hier sollten Sie schnell das Wichtigste loswerden – denn sonst hört er nicht mehr zu

Unbeherrscht: Eine Hand zur Faust geballt, die andere darübergelegt. Der Betreffende ist zornig, kann seine Wut kaum unter Kontrolle halten. Vorsicht bei dem, was Sie sagen!

Finger, die bedeutungsvoll und zärtlich bestimmte Formen und Gegenstände nachfahren oder streicheln, über die Innenfläche der anderen Hand gleiten oder andere eigene

Körperpartien (die Lippen etwa) berühren, signalisieren vielfältige Aufforderungen.

Und ist es erst mal soweit, daß ›er‹ mit ›ihrer‹ Hand spielt und seine Finger zwischen ihre schiebt, dann ist es auch nicht mehr weit, bis... Es sei denn, sie blockt rechtzeitig ab.

Das vielsagende Spiel der Beine

Bekanntlich ziehen ja Frauenbeine – von der Fußspitze bis zum verheißungsvollen Ansatz – die Blicke der Männer magnetisch an. Sie sind erotische Signalgeber erster Ordnung, und das Spiel der Beine spricht für den Kundigen eine überaus beredte Sprache. Haben Sie zum Beispiel einmal beobachtet, wie eine Frau auf der Beifahrerseite aus dem Auto steigt?

Das ist die Naive. Sie steht mit dem linken Fuß noch hoch auf der Kante des Türausschnitts, während sie den rechten bereits auf die Straße setzt, so daß ihr zwangsläufig der Rock bis zum Gehtnichtmehr hinaufrutscht und dem glücklichen Beobachter unverhoffte Einblicke gestattet. Arglos und naiv, wie sie ist, ahnt sie wohl kaum, was sie da womöglich auslöst; und wenn sie sexy ist, kokettiert sie allenfalls mit der Wirkung. Bestimmte Absichten signalisiert sie nicht.

Die Verführerische dagegen wird – ob mit Rock oder Hose – ein Bein nach dem anderen zunächst betont aus dem Wagen strecken und dann graziös und nachdrücklich auf den Boden setzen. Sie spielt mit ihren Reizen und mit ihren Beinen und versteht es, ihre Ziele damit zu erreichen: als Mädchen für ein paar nette Stunden – oder aber auch mehr. Sie weiß Schranken zu nehmen, die sich ihr in den Weg stellen.

Die Frau, die unauffällig und normal aus dem Auto steigt, hat in dieser Situation nichts weiter im Sinn und zieht es vor, die nonverbale Kommunikation in Sachen Erotik auf andere Bereiche zu beschränken.

Eine Frau, die beispielsweise mit leicht gespreizten Beinen auf einem Stuhl sitzt und – während sie spricht – scheinbar gedankenlos mit einer Hand leicht über die Gegend ihrer Brüste streicht oder in liebkosender Bewegung ihre eigenen Hüften oder Schenkel streichelt, signalisiert mit solchen Gebärden der weiblichen Körpersprache ziemlich klar ihre Liebesbereitschaft. Weitere Beinsignale in diesem Sinne sind etwa die Ausrichtung der Fußspitzen oder eines übergeschlagenen Beines auf den interessanten Partner hin oder – beim Gehen und Stehen – das Vorschieben des Beckens. Wird dann vielleicht noch der Kopf zurückgeworfen, fährt sich die Frau mit der Hand durch das fliegende Haar, wobei die Innenseite des Handgelenks dem Betrachter offen zugewandt ist, so ist das Repertoire erotischer Aufforderungsgesten fast komplett.

Wenn andererseits diese Frau die Arme über der Brust kreuzt oder verschränkt, beim Sitzen die Beine fest übereinanderschlägt oder beim Stehen das Spiel- über das Standbein kreuzt, so bringt sie klar zum Ausdruck, daß sie sich einem Flirt verschließt. Alle Barrieren sind geschlossen. Vielleicht ist auch noch eine Hand unter dem verschränkten Arm zur Faust geballt, vielleicht sind die Lippen zusammengepreßt. Hier geht nichts. Möglicherweise ist die Frau auch enttäuscht, weil sie nicht das bekam, was sie haben wollte.

Gerade das Übereinanderschlagen der Beine in der Sitzposition kann, wie wir soeben gesehen haben, durchaus unterschiedliche Botschaften vermitteln. Es kann ein Abschließen und Dichtmachen des intimsten erotischen Bereichs der Frau bedeuten, aber auch – als gelockerte Haltung – eine Hinwendung in Richtung auf einen Partner andeuten. Hier sind Sie als Betrachter darauf angewiesen, die Gesamtsituation zu berücksichtigen und mit Intuition und Fingerspitzengefühl den Persönlichkeitsausdruck zu erspüren.

Eine Frau, die mit übereinandergeschlagenen Beinen dasitzt, den Rock übers Knie rutschen läßt und einen Unterschenkel etwas an den anderen preßt, weiß und will, daß diese Sitzposition auf Männer ausgesprochen animierend wirkt. Mit übereinandergeschlagenen Beinen dazusitzen und den Schuh auf der Fußspitze des oberen Beines lose baumeln zu lassen oder immer wieder hinein- und hinauszuschlüpfen, kann Ausdruck einer entspannten Haltung sein. Dieses Fußspiel fordert aber auch viele Männer extrem heraus.

Verkrampftes, ständiges Übereinanderlegen der Beine weist auf eine überbetonte Sinnlichkeit hin. Jedoch können die beim Sitzen übergeschlagenen Knie auch rein konventionelle Ursachen haben und nichts als eine entspannte, bequeme Sitzhaltung bedeuten, aus der zweifellos mehr Gelassenheit und Sicherheit zu erkennen ist als etwa aus dem angespannten Sitzen mit parallel gestellten Beinen und zusammengepreßten Knien: brav, züchtig, auf dem Sprung oder ängstlich (besonders beim Sitzen auf der vorderen Stuhlkante), unsicher.

Ganz so eng wie die amerikanischen Psychiater, deren Signalinventar nachfolgend zitiert wird, sollte man Frauen aber wohl doch nicht nach ihrer Beinhaltung typisieren:

Sie sitzt mit übergeschlagenen Beinen, wobei sie leicht mit dem rechten wippt: intelligent und ehrgeizig.

Sie schlingt das eine Bein leicht um das andere: übertriebene Einbildungskraft; andererseits auch: Unsicherheit, Verschlossenheit.

Sie streckt Beine und Füße aus: Mangel an Geist, Humor und Begriffsvermögen, Hang zur Nörgelei.

Sie hält die Beine parallel aneinander, die Füße geschlossen: sorgfältig, treu, pünktlich, aber ungebildet.

Sie hält die Knie zusammen, ebenso die Füße, deren Spitzen sich berühren: nervös und ängstlich.

Sie streckt die Beine aus und legt die Füße nachlässig übereinander: oberflächlich, bequem, aber lustig und immer guter Laune.

Seit die Frauen modisch und alltäglich-selbstverständlich in die Hosen stiegen, übernahmen sie auch manche typisch männliche Geste. Da wandelt sich beispielsweise das Kokettieren mit Bein und Rocksaum in die Stellung des Revolverhelden: die Hände in die Hüften gestützt, Daumen vielleicht unter den Gürtel geschoben, das Bekken vorgestellt. Das ist sexuelle Herausforderung – aber noch nicht Bereitschaft. Es kommt darauf an, welche Reaktionen dieses Signal beim Gegenüber auslöst.

Die sexuell unternehmungslustige Frau – das sahen wir bereits – äußert sich anders. Im Stehen wendet sie Blicke und Körper offen dem Visavis zu. Oder sie setzt sich mit leicht gespreizten Beinen – ein symbolisches Zeichen ihrer Empfangsbereitschaft. Sie beugt sich vor, bückt sich vielleicht, um ein vielversprechendes Dekolleté sehen zu lassen.

Sie streift mit streichelnden Bewegungen über Brüste, Hüften und Schenkel, glättet ihr Kleid, ihre Strümpfe, kreuzt ihre Beine sehr hoch oder streckt sie in sehr langsamer Bewegung aus.

Wenn sie besonders kühn ist, dringt sie in die intime Raumsphäre des begehrten Mannes ein. Sie stellt oder setzt sich ganz nah zu ihm, bedrängt und verwirrt ihn. Ihre Knie und Schenkel berühren die seinen. Sie sieht ihn unverwandt an; ihr Atem streift sein Gesicht. Sie legt ihre

Finger auf seinen Arm oder ergreift seine Hand, um das Feuerzeug, das er ihr entgegenhält, an ihre Zigarette zu führen.

Gleichsam spiegelbildlich, wenn auch mit entsprechend männlichen Gesten, gibt ein Mann sein Interesse an seinem weiblichen Gegenüber zu erkennen. Sein Blick hebt die Entfernung auf und stellt einen ersten Blickkontakt her. Befindet er sich im Gespräch mit einer anderen Person, so spricht und lacht er dabei laut, um die Aufmerksamkeit der Frau auf sich zu ziehen. Vielleicht macht er auffallende Gesten, oder er ist zwar zurückhaltend, aber sein Körper bleibt ihr dauernd voll zugewandt. Ein Gegenstand, den er in der Hand hält, weist beständig in ihre Richtung.

Alles, was von ihm ausgeht, konzentriert sich auf sie, umkreist sie, hüllt sie ein und will den trennenden Zwischenraum überwinden.

Ist dies erreicht oder besteht bereits eine engere Gesprächssituation zwischen den beiden, so läuft hier das ganze schon dargestellte Programm der Körperzuwendung, der betont offenen Arm- und Handgesten und der Beinstellungen, ab. Nähe wird hergestellt, die andere ausschließt.

Männer, deren sexuelles Begehren erwacht, unterliegen – ohne daß sie es wissen – bestimmten körperlichen Veränderungen. Wir beobachten eine deutliche Anspannung der Muskeln. Der in Aktionsbereitschaft gesetzte Körper richtet sich auf. Alles an ihm wird belebter, straffer, der Bauch wird flacher, die Schenkel wirken fester. Auch die Mimik verändert sich. Das Auge blickt konzentriert aus verengten Lidern. Der Mund öffnet sich leicht, und langsam gleitet die Zunge über die Lippen.

Ganz wie das Männchen im Tierreich muß auch der Mann, der eine Frau erobern will, im günstigsten Licht erscheinen. Er glättet – oder lockert – sein Haar, den Bart, den Schnurrbart; er richtet den Krawattenknoten, prüft seine Fingernägel, zieht seine Strümpfe hoch.

Wenn er aufrecht steht, spreizt er die Beine und schiebt das Becken vor. Er steckt die Daumen hinter seinen Gürtel und streckt die Finger in Richtung seiner Genitalien. Das ist die klassische Pose des Cowboys mit seiner aggressiven Sexualität. Wenn er sitzt, spreizt der sexuell erregte Mann seine Beine weit auseinander und läßt so die Wölbung seiner Genitalien erkennen. Beim Gehen bewegt er sich geschmeidig, drückt die Brust heraus, rollt Schultern und Hüften.

Die mögliche positive Reaktion der Frau kennen wir bereits in den wichtigsten Signalen: Kopf zurückwerfen, die Mähne (sogar eine imaginäre – bei kurzen Haaren) fliegen lassen, die leicht erregbare Streichelzone der Handgelenke entblößen, die Beine weiter öffnen als bei einem wertfreien Gespräch, ebenso die Lippen ein wenig öffnen und mit der Zunge befeuchten – eine symbolische Darstellung der Genitalzone, eine deutliche Einladung.

Frauenhände spielen in solchen Situationen gern mit Gegenständen, umstreichen beispielsweise die Konturen eines Weinglases: Gesten, die zärtliches Einfühlen versprechen.

Im Sitzen wird beispielsweise ein Bein hochgezogen, das Knie umarmt: eine Selbstumarmung voll Gefühl, Bereitschaft, aber auch noch zögernder Scheu (denn sonst deutet ja das feste Umarmen beider hochgezogener Knie eher auf eine sich einigelnde Schutzhaltung): »Sieh her, so möchte ich umarmt werden!« Der Genitalbereich ist in dieser Haltung nicht versperrt wie bei hermetisch geschlossenen Beinen.

Und wenn dann vielleicht noch der Schuh an dem hochgezogenen Bein wippt...

Was Schuhe über Ihren Sex-Appeal verraten

Schuhe enthüllen mehr über Innenleben und Vorlieben, als es deren Trägern recht ist. Das haben nordamerikanische Psychologen herausgefunden. Vor allem sexuelle Wünsche und geheime Leidenschaften werden unverhohlen kundgetan:

Schuhe, aus denen unbedeckte Zehen hervorlugen, signalisieren die Bereitschaft: Ich bin einem Flirt nicht abgeneigt.

Fesselriemchen ziehen die Aufmerksamkeit sofort auf die Beine. Deren Trägerinnen sind gewagten Liebesspielen nicht abgeneigt.

Auf hohen Absätzen muß sich eine Frau viel langsamer und dadurch auch harmonischer bewegen. Die kurzen Schritte vermitteln: Ich kann nicht wegrennen – und will es im Grunde aber auch gar nicht.

Fersenriemchen verraten Sex und Verwegenheit. Die Trägerin ist von ihrem Sex-Appeal überzeugt. Sie will auch ständig im Mittelpunkt stehen.

Schenkelhohe Stiefel entlarven die Exhibitionistin mit Liebe zum Sex. Sie möchte die Männer provozieren, die Blicke auf sich ziehen.

Flache Schuhe werden oft von attraktiven Frauen mit gestörtem Sexleben getragen. Schon das ›Umsteigen‹ auf hohe Absätze kann Wunder vollbringen.

Aber nicht nur Frauen, auch Männer werden durch die Schuhe ›bloßgelegt‹. Wer auf Hochglanz polierte Schuhe trägt, verlangt viel von seiner Partnerin – und hat das Temperament einer Wanderdüne. Außerdem ist er sehr egoistisch: Er nimmt keine Rücksicht auf seine Partnerin.

Männer mit ungepflegten, derben Schuhen hingegen gehen auf Kosten von Sex lieber mit dem Kumpel nächtelang in die Bar oder in die Kneipe.

Der Gigolo übrigens trägt spitze Schuhe – er hüpft unruhig von Bett zu Bett.

Nun sind wir also wieder ein bißchen schlauer; aber ich glaube, man sollte das nicht so tierisch ernst nehmen, sondern sich eher amüsieren, wenn im Zusammenhang von Schuh/Charaktereigenschaft doch einmal das eine oder andere zuträfe.

Trotzdem dürfte es keinesfalls schaden, mal ab und zu einen Blick nach unten zu werfen.

Wissen Sie, was Liebe ist?

Wer balzt und turtelt, der findet sich blitzschnell im Stadium der grenzenlosen Verliebtheit wieder, und daraus kann – ich sage jetzt sehr vorsichtig, *kann* – einmal eine ganz große Liebe werden!

Und nun frage ich Sie: Gibt es die große Liebe? Oder ist sie nur eine nüchterne chemische Formel, wie die Wissenschaftler immer wieder behaupten?

Ich bin der Meinung, daß es wichtig ist, auf Körpersignale zu achten, damit man nicht ständig die verkehrten Menschen anflirtet, infolgedessen also auch das Aufkommen von Enttäuschungen nach Möglichkeit gleich unterbindet.

Es ist aber ebenso vorteilhaft zu wissen, was passiert, wenn wir uns rettungslos verlieben:

Man sieht sich tief in die Augen, das Herz fängt an zu rasen – und schon ist die berühmte Liebe auf den ersten Blick Realität. Jeder hat sie schon mindestens einmal erlebt.

Ist das ein Blitz, der aus unserer Seele kommt? Die moderne Wissenschaft sieht das viel nüchterner: »Die Liebe«, sagt der Innsbrucker Physiologe Dr. Gerhard Crombach,

»ist eine chemische Formel – $C_8H_{11}N$ = *Phenyläthylamin*.«

Die Liebesdroge mit dem zungenbrecherischen Namen wird im Hypothalamus, einem Teil des Zwischenhirns, gebildet. Der Produktionsprozeß läuft nach einem Drei-Stufen-Programm ab:

Stufe eins: Das Auge holt Informationen über Haar- und Augenfarbe, Größe, Figur, Frisur, Hände und Kleidung des ›Zielobjekts‹ ein. Die Informationen gelangen mit der Spitzengeschwindigkeit von 432 Stundenkilometern zum Großhirn.

Gleichzeitig beginnt das Ohr, wichtige akustische Signale – wie Stimmenklang oder ein Lachen – aufzunehmen.

Die Nase erfaßt schließlich den von der Haut, den Schweißdrüsen und den Geschlechtsorganen des Gegenübers ausströmenden individuellen Geruch.

Stufe zwei: Das Großhirn sortiert die bei ihm eingehenden Mitteilungen, vergleicht sie mit von Geburt an im Gehirn archivierten Eindrücken. Dabei können beispielsweise ein Duft, der von der Mutter ausging, die wohlklingende Stimme des Vaters oder die Haarfarbe der ersten Liebe für den weiteren Prozeßablauf eine entscheidende Rolle spielen.

Tauchen aber nun unangenehme Erinnerungen auf, schaltet das Großhirn automatisch auf ›Normalbetrieb‹ um. Liebe ist in diesem Fall kein Thema mehr!

Stufe drei: Sie ›zündet‹, wenn die soeben eingeholten Informationen zu den gespeicherten ›Werten‹ passen.

Der erbsengroße Hypothalamus beginnt mit der Produktion des Liebesstoffs Phenyläthylamin, es kommt zu einer Kettenreaktion weiterer chemischer Prozesse.

Professor Dr. Zwi Naor von der Universität Tel Aviv fand heraus: Ein an den Wänden der haselnußgroßen

Hirnanhangdrüse haftendes Eiweiß leitet die Liebesdroge in feiner Verteilung weiter. Der israelische Wissenschaftler vermutet, daß dadurch auch andere für Liebe und Lust mitverantwortliche Hirnzellen aktiviert werden.

Vom ersten Blick bis zur Vollbestätigung des chemischen Gehirnlabors sind genau vier Sekunden vergangen! Der Herzschlag hat sich in dieser Zeit um etwa fünfzig Prozent beschleunigt, der Atem geht schneller, bei den Frauen fangen die Augen an zu glänzen.

Die Verhaltensforscher Christiane Doermer und Dr. Karl Grammer vom Max-Planck-Institut München gingen bei der Gegenüberstellung von Mann und Frau den geschlechtsspezifischen, äußerlich erkennbaren Reaktionen auf die chemischen Gehirnprozesse nach. Testpersonen waren dreihundert Abiturienten. Die Erkenntnisse beider Wissenschaftler:

Wenn's gefunkt hat, dann beugen sich die Frauen nach vorn, werfen das Haar zurück, lachen ihn auffordernd an. Männer lehnen sich im Stuhl zurück, erwidern sofort das weibliche Lächeln.

Phenyläthylamin – eine Chemikalie, die wildfremde Menschen innerhalb von Sekunden zu Liebenden macht... Vielleicht – so meint Professor Naor – gelingt es in Zukunft, diesen Eiweißstoff aus dem Gehirn zu isolieren, um eine Liebespille daraus herzustellen.

Bis er allerdings soweit ist, sind wir auf anregende Hilfsmittel wie Romantik und Musik angewiesen.

Und das ist ja auch nicht das Schlechteste – oder?

Bei aller Wissenschaft und den aus ihr resultierenden chemischen Formeln – bleiben wir lieber bei dem, was wir sehen, fühlen, riechen können und was wir daraus erfahren.

Deutliche Gesten des Selbstkontakts zeigen hier auf die ›strategisch wichtigen‹ Zonen des Ober- und Unterkörpers. Für das Gegenüber heißt das Signal: »Da, schau mal hierher!« Und daß das einladend gemeint ist, kann man am offenen Blick, an den geöffneten Lippen, an der offenen Beinstellung ablesen.

4

DER DUFT DER LIEBE

Ich kann dich nicht riechen!

Die Gerüche, die ein Körper ausströmt, sprechen eine sehr beredte Sprache der Liebe!

Oder ist es Ihnen noch nie passiert, daß Sie jemanden getroffen haben, ihn auf den ersten Blick unheimlich sympathisch fanden und dann bei näherem ›Beschnuppern‹ feststellten: Ich kann diesen Menschen – leider – nicht riechen? Weil eben die ganz normalen Körperdüfte, die von einem Mann oder einer Frau ausgehen, Ihrer Nase überhaupt nicht zusagen. Und das Fatale dabei: Das Parfüm, das er oder sie zusätzlich dazu benutzt, paßt überhaupt nicht.

Unter einem solchen Gesichtspunkt ist es doch geradezu ideal, daß unsere Nase, unser Geruchssinn, eine solch wichtige Rolle für das Zustandekommen der erotischen Anziehung spielt.

Der Geruchssinn bringt sofort alle Erinnerungen zum Klingen, er ist Warn- und Schutzsinn zugleich, gibt uns die Möglichkeit, Gerüche zu genießen, zu prüfen und zu bestimmen!

Eine Kollegin hat mir einmal folgendes erzählt: »Gerd, mein geschiedener Mann, benutzte immer ein ganz spezielles Rasierwasser. Den Namen hab' ich vergessen, aber es hat immer etwas bitter gerochen. Und ich bin unheimlich darauf abgefahren. Ich hätte den ganzen Tag an ihm hängen können.

Zwei Jahre nach meiner Scheidung habe ich mich unsterblich verliebt: in einen Mann, der sehr nett war. Als wir zum erstenmal Essen und anschließend ins Theater gingen, habe ich fast einen Schlag bekommen. Er hat genauso gerochen wie Gerd.

Ich habe auf diesen neuen Mann unheimlich aggressiv reagiert. Mir sind mit einemmal all die unschönen Dinge eingefallen, die ich mit Gerd erlebt habe. Wohlgemerkt, die unschönen!

Ich habe mit meiner neuen Liebe Schluß gemacht, ich hab's nicht ausgehalten.«

Das genau meinte ich mit Warn- und Schutzsinn! Vielleicht ist es Ihnen ja auch schon mal so ergangen!

Beim Flirten reden die Nasen ein Wörtchen mit

Die Wissenschaft ist ja wirklich in der Lage, einem sämtliche Illusionen zu nehmen, weil sie für alles eine Erklärung hat. Aber auf sie allein kann man sich im alltäglichen Leben nicht verlassen – wenn es um die Liebe geht.

Was also tun, wenn die körpereigenen *Endorphine* verrückt spielen, mit ihrer opiatartigen Wirkung den Körper betäuben und auf Erfüllung drängen?

Tiere haben es da leichter – sie sind mit einem Geruchsstoff ausgestattet, der ihren Artgenossen mitteilt, was sie wollen. *Pheromon* heißt dieses chemische Kommunikationssignal.

Beim Menschen dagegen spielen die Geruchsstoffe eine sehr viel geringere Rolle. Dennoch scheinen unsere Nasen bei Annäherungsversuchen ein Wörtchen mitzureden.

Der menschliche Schweiß zum Beispiel enthält unter anderem zwei Substanzen, *Androstonon* und *Androstenol.* Ihre chemische Struktur erinnert an Moschus, das, ursprünglich hergestellt aus dem Brunftsekret des tibetanischen Moschushirschs, eine lange Tradition als erotische Parfümnote hat.

Sellerie duftet zwar nicht, enthält aber geringe Mengen an *Androstenol.* Vielleicht ist er deshalb zu seinem zweifelhaften Ruf als ›Lustmacher‹ gekommen.

Androstenol kommt ebenfalls in Trüffeln vor, die als Aphrodisiakum gelten und bei gewissen Borstenviechern, die auf die Suche nach ihnen spezialisiert sind, sich einer großen Beliebtheit erfreuen.

Schwitzenderweise produzieren Frauen zwar auch diese Duftsubstanzen, aber in wesentlich geringeren Mengen als die Männer. Es scheint sich also um ein eher männliches Lockmittel zu handeln.

Britische Forscher haben die geheimnisvolle Wirkung der Nasen in einem ungewöhnlichen Versuch demonstriert. In einem leeren Wartezimmer besprühten sie ein paar Stühle mit *Androstenol* – die nichtsahnenden Frauen setzten sich am liebsten auf eben diese Stühle!

Daß die sexuelle Attraktivität eines Mannes dennoch nicht in dem Maße steigt, wie er schwitzt, beweisen andere Untersuchungen:

Dreißig Prozent der befragten Frauen und siebenunddreißig Prozent der Männer konnten das chemische Signal überhaupt nicht riechen.

Die anderen der befragten Gruppe empfanden es in geringen Mengen als angenehm, in größerer Dosierung aber als sehr abstoßend.

Die dritte Art von Stoffen, die uns biologisch zur Liebe willens und auch fähig macht, sind die *Sexualhormone*. Sie bewirken, daß Embryos sich im Alter von sechs Wochen entweder als Junge oder als Mädchen weiterentwickeln.

Den Startschuß für die hormonelle ›Abenteuerreise‹ gibt der Hypothalamus bei Männern alle vier Stunden.

Bei Frauen in der Phase vor dem Eisprung sind die Nervenzellen dagegen fleißiger: Alle neunzig Minuten geben sie ihre Befehle zur Hormonüberflutung. Nach dem Eisprung reicht auch dem weiblichen Organismus der gemächlichere Vierstundentakt.

Auf einen wissenschaftlichen Nenner gebracht, ließe sich also das Gefühl, das die Welt und uns im Innersten zusammenhält, folgendermaßen beschreiben: Die rechte Menge von *Endorphinen* und *Hormonen* plus ein wenig Riechstoff – und die Liebe bricht aus.

Und wie!

Für Ratten und Hamster im Labor mag das ja zutreffen. Aber lassen sich Tierversuche auf uns Menschen übertragen? Wenn es um mehr als eine reine Abfolge körperlicher Mechanismen geht?

Das menschliche Sexualverhalten wird von Gesellschaft, Kultur und psychischen Einflüssen mitbestimmt. Dennoch stoßen die streng naturwissenschaftlichen Versuche in Sachen Tier- und Menschenliebe in letzter Zeit auf immer größeres Interesse! Nicht nur bei Naturwissenschaftlern!

Und warum ist das so?

Weil wir müde sind, dies mal soziologisch, mal psychologisch zu begreifen – und ein paar Jahre später war doch alles wieder mal ein Irrtum?

An *Endorphinen* und *Hormonen* läßt sich wenigstens nicht rütteln. Die fließen unabhängig von Weltanschauungen.

Oder etwa nicht?

Der starre Blick auf die Chemie hinterläßt auch Spuren im Denken, allerdings recht schmale. Wenn Lustlosigkeit in der Liebe auf einen Mangel an Hormonen, die Begeisterung für politische Arbeit dagegen auf einen Überschuß an *Beta-Endorphinen* zurückgeführt werden, können wir uns alle Diskussionen über und Wünsche an soziales Verhalten ersparen. Und der Auftakt von Trennungsgesprächen würde sich dann in Zukunft vielleicht so anhören: »Riechst du denn nicht, daß unsere Zellstruktur nicht mehr paßt?«

Soviel also zu unserem eigenen Körperlabor ›Chemie und Gefühl‹.

Wenn es also jetzt vorkommen sollte, daß Ihrem Gegenüber der Schweiß ausbricht und sich seine körpereigenen Düfte verbreiten, dann muß es sich nicht unbedingt um einen Hygienemuffel handeln! Ihr Visavis ist dann nur auf artistische Balz-Purzelbäume angesprungen und signalisiert auf diese Weise: »Ich habe mich verliebt und Lust auf mehr!«

Parfüm ist Pflicht – aber...

Zu einer perfekten Erscheinung gehört der gute Duft wie das Tüpfelchen auf dem i.

Aber – auch hier sind arge Mißgriffe gang und gäbe.

Achten Sie deshalb immer darauf, daß Sie an einem Tag nur einen einzigen Duft verwenden. Ein Gemisch aus herb und süß ist einfach scheußlich. Körperlotion und Deospray sollten möglichst auf das Parfüm abgestimmt oder völlig neutral im Geruch sein. Und weil bei der Auswahl von Düften gravierende Fehler nie ganz auszuschließen sind, gebe ich Ihnen einige Informationen, die sich für Sie als hilfreich erweisen können.

Parfüm zieht Männer an wie das Licht die Motten!

Das stimmt! Deshalb hat der Modezar Yves Saint-Laurent auch dringend geraten:

»Sparsamkeit erhöht beim Parfüm die Wirkung. Ein guter Duft verklingt ganz langsam und hinterläßt genau den geheimnisvollen Hauch, die Spur, die Frauen so verführerisch macht.«

Also – Sie hören es aus berufenem Munde – mit Düften muß man sorgfältig umgehen, sonst ist die Wirkung nicht die erwünschte.

Wissen Sie eigentlich, woher das Wort Parfüm kommt?

Zu allen Zeiten versuchten Evatöchter, mit Farben, Salben und Duftwässern das Beste aus ihrem Typ zu machen – um den Männern eindeutige Signale zu geben!

Das älteste namentlich bekannte Parfüm ist das ägyptische ›Kyphy‹, das aus duftenden Kräutern, Harzen und Hölzern bestand. Es wurde zu Ehren der Götter auf Hausaltären verbrannt. Durch seinen Geruch – lateinisch *per fumum* – wollte man die Himmlischen gnädig stimmen, ihren Nasen schmeicheln.

Wir Frauen heute schmeicheln nicht mehr irgendwelchen Überirdischen, wir wollen die Nasen der Männer mit herrlichen Düften verwöhnen – und ein wenig auch uns selbst! Aber vorher noch ein kleiner Blick in die Parfümgeschichte:

Von den Kreuzzügen brachten die Ritter Rosenöle, Henna, Moschus und Safran mit nach Europa, und die schönen Burgfräulein machten ihre erste Bekanntschaft mit den edlen Düften des fernen Orients.

Anfang des 17. Jahrhunderts begannen auch die nichtadligen Damen des Bürgertums, sich zu parfümieren.

Seit 1920, dem Beginn der Goldenen Zwanziger, gehören Mode und Parfüm zusammen. Heute tragen Frauen Parfüm wie ein Kleid, weil es ihre Persönlichkeit duftend unterstreicht. Düfte und Gerüche beeinflussen unsere Stimmungen!

Es gibt Frauen, die wechseln ihr Parfüm, wenn sie sich von einem Mann getrennt haben, weil sie nicht mehr an ihn erinnert werden wollen.

Es muß nicht unbedingt immer zutreffen, aber eine Grundrichtung der Düfte, die auf einen Frauentyp besonders zutreffen, zeichnet sich schon ab. Und an ihr können sich Männer orientieren, wenn sie einer Frau ›flirtenderweise‹ näherkommen:

- Die blumigen Noten: Sie erinnern an blühende Wiesen und Blumen wie Rosen, Jasmin, Maiglöckchen und sind für betont weibliche Frauen komponiert.
- Die grünen Noten: Sie duften nach frischem Gras, Heu oder Blättern. Bergamotte, Zitrus und Kresse sind die gebräuchlichsten Essenzen. Sie passen am besten zu sportlichen Frauen.
- Die orientalischen Noten: Moschus, Ambra, Myrrhe und Vanille bewirken den charakteristischen sinnlichen und schweren Duft. Sie sind etwas für rassige, dunkle Frauen und eher für den Abend gedacht.
- Die ›cyprès‹-Noten: Der sehr anregende Duft ist oft eine Kombination aus Moos- und Früchteextrakten. Etwas für sehr sinnlich-weibliche Frauen.
- Die Aldehyd-Noten: Das sind synthetische Substanzen, die entweder blumig oder holzig-modrig duften. Für Frauen mit Romantik, Herzlichkeit und Zärtlichkeit gemacht.

Und dann gibt es natürlich die ausgesprochen schönen Herrendüfte: alle sehr frisch und mit dem Flair von Gräsern und Zitronen. Auch wir Frauen finden es sehr erotisierend, wenn Männer ihren Typ mit diversen individuellen Wässerchen unterstreichen.

Noch ein kleiner Tip: Parfüm entfaltet Wohlgeruch durch Körperwärme. Tupfen Sie es deshalb überall dort auf, wo das Blut pulsiert: also auf Ohrläppchen, an die Schläfen, auf die Unterseite der Handgelenke, auf die Innenseite der Ellbogen, unter den Busen und in die Kniekehlen.

Jetzt brauchen Sie also nicht mehr nur auf reine Körpersignale zu achten, sondern auch auf Duftzeichen, um den richtigen Typ Mann oder Frau – für Sie ganz speziell – herauszufinden.

Geschnuppert zur erotischen Luststeigerung wurde übrigens zu allen Zeiten. Deshalb an dieser Stelle ein paar ›erotische Duft-Splitter‹:

»Nicht waschen – komme zurück!« so kündigte sich Napoleon I. jedesmal nach einem Feldzug bei seiner geliebten Josephine an. Merke: Der Kaiser glaubte noch an den Lustgewinn durch Körpergeruch!

»Ich glaube, ich liebe Deine Pantoffeln ebenso wie Dich. Ich atme sie. Sie riechen nach Eisenkraut und einem Duft von Dir, der mir die Seele aufgehen läßt!« Der französische Dichter Gustave Flaubert war also auch ein leidenschaftlicher Schnüffler!

Maria von Kleve betörte Heinrich III. von Frankreich, als sie ihm nach einem Tanzvergnügen ihr naßgeschwitztes Tuch reichte, damit er sich das Gesicht abtrocknen konnte. Der Körperduft der Dame hat ihn überwältigt. Hochzeit der beiden war im Jahre 1572.

Es muß ja nicht so extrem sein – aber, bitteschön, schnuppern Sie los!

›Sie‹ bietet sich an. Die geöffneten Beine und das Spiel mit der Kette geben betont den Blick frei auf die intimsten Bereiche. Unterstrichen wird dies durch die Handgesten. Die Finger sowohl der rechten Hand, die die eigene Hüfte streichelt, als auch der linken, die mit der Kette spielt, zeigen genau ›dorthin‹. Dazu: die Symbolkraft der geöffneten Lippen!

5

WAS SICH LIEBT, DAS SCHMÜCKT SICH

Schmuck ist ein liebenswerter Verräter

Genauso wie wir bei Düften danebengreifen können, ist es auch mit dem Schmuck. Und ein aufmerksamer Beobachter wird schnell herausfinden, wie Sie in der Liebe sind.

Denn Juwelen offenbaren eine ganze Menge darüber, was Liebe und Sexualität in Ihrem Leben bedeuten.

Da können Sie noch so gekonnt klimpern und sich mit Steinchen behängen – es hilft nichts. Sie werden trotzdem erkannt.

Der Guru Ghajan hat über zwei Jahrzehnte lang erforscht, wie Edelsteine und Liebesleben zusammenhängen:

Rubine: Ihr Träger ist ein freiheitsliebender und leidenschaftlicher Mensch, mit einer unstillbaren Freude am Sex.

Perlen: Sie sind Hinweise auf warmherzige und sehr zärtliche Menschen, mit großer Lust, Streicheleinheiten zu geben, aber auch zu nehmen. Wer sie schenkt, der findet immer Freunde fürs Leben!

Opale: Sie wechseln mit dem Licht die Farbe. Genauso wie der Besitzer seine Stimmungen, die schnell zwischen himmelhochjauchzend und zu Tode betrübt schwanken.

Smaragde: Unternehmungslustige, fröhliche Menschen tragen sie gern. Die kostbaren Steine garantieren Liebe und Glück in der Ehe – für ein ganzes Leben.

Türkise: Freigebige und lebenslustige Menschen schmücken sich mit ihnen. Die ›Goldgräbersteine‹ bringen Glück in der Liebe und in Gelddingen.

Korallen: Etwas für kameradschaftliche Menschen. Korallen machen fröhlich und gesellig. Mit solchen Menschen werden Sie zwar sexuell keine Höhenflüge starten, aber im Alltag niemals über Langeweile klagen müssen.

Topase: Einzelgänger schmücken sich damit. Aber auch Menschen, die mit einem aufbrausenden Temperament ausgestattet sind. Topase wirken übrigens besänftigend.

Diamanten: Feurig wie diese Steine sind auch ihre Träger. Diamanten bringen Glück – nicht nur auf sexuellem Gebiet.

Blaue Saphire: Treue und Freundschaft zeichnen den Besitzer aus. Wer sie trägt, der wird nicht fremdgehen!

Klingt das nicht alles sehr beruhigend?

Ach ja, wenn jemand nun noch behaupten sollte, daß Perlen und Opale immer Tränen bedeuten, dann belehren Sie ihn eines Besseren. Sie haben gelesen, was der Guru dazu gesagt hat!

Was Schmuck über Männer alles aussagt

Es wäre ja zu einfach, wenn nur die Herren der Schöpfung an unserem Geschmeide ablesen könnten, ob wir nun unternehmungslustig, treu oder ganz langweilig im Leben und ganz besonders in der Liebe sind.

Auch die Männer können sich ordentlich verraten, wenn sie Schmuck tragen.

Ich finde es schön, daß die Männer heutzutage nicht mehr davor zurückschrecken, sich zu schmücken. Es war übrigens nicht die Schmuckindustrie, von der die einträgliche Idee ausging, den Mann mit allerlei glitzernden Utensilien auszustatten.

Nein, das Bild vom geschmückten Mann läßt sich bis in archaische Zeiten zurückverfolgen:

Nachdem Gott sie verärgert vom gedeckten Tisch des Paradieses vertrieben hatte und Adam nun selbst für seine Eva sorgen mußte, behängte er sich als Zeichen seiner Jagderfolge mit Tierzähnen, Klauen, Knochen und Federn.

Selbstverständlich übernahmen seine Nachkommen gern und freudig diese Möglichkeit der Imagepflege.

»Je mutiger ein Mann, desto mehr Trophäen konnte er sich anheften.« Das stellte der Wiener Soziologe René König fest. Damit wurden aber auch gleichzeitig die ersten Rangordnungsmerkmale propagiert. Je höher jemand in der Hierarchie der Männerwelt aufstieg, desto mehr Schmuck war vonnöten. Der Status mußte ja seinen sichtbaren Ausdruck finden. Naturvölker haben diese Orientierungszeichen gesellschaftlichen Rangs bis heute beibehalten.

Irgendwann begannen sich aber auch die Feiglinge zu schmücken – aus lauter Imponiergehabe und natürlich nur mit fremden Federn. Und schon war aus der Auszeichnung eine Mode geworden: Die Manneszier täuschte einen Rang vor, der ihrem Träger überhaupt nicht zustand. Im Lauf der Geschichte verstand es der Mann hervorragend, durch solche Äußerlichkeiten den schönen Schein zu wahren. Schließlich erwies er sich sogar als ausgesprochen ›schmuckerpicht‹:

Im 17. und 18. Jahrhundert schmückte sich vor allem die Männerwelt: Königskronen, Gürtelschnallen, schwere goldene Armbänder waren bei den herrschenden Herren der Vergangenheit höchst erstrebenswerte Erdengüter. Auf die Blütezeit des Männerschmucks folgte dann – wie könnte es auch anders sein – eine lange Phase äußerster Zurückhaltung in bezug auf Zierat. Ein Mann hatte nach der Maßgabe des 19. und frühen 20. Jahrhunderts kämpferisch, aggressiv und männlich zu sein. Und Schmuck war logischerweise nach Auffassung jener Zeitgenossen etwas typisch Weibliches.

Aber diese Zeiten sind vorbei, und für uns ist es kein Thema mehr, ob Männer sich schmücken sollen oder nicht. Schließlich tun sie's ja, um ›das Weib zu locken‹

und ihrer Umwelt zu signalisieren: »Seht mich an, ich bin erfolgreich!«

Wenn Sie also, meine Damen, das nächste Mal einem Mann besonders tief in die Augen schauen, dann prüfen Sie doch gleichzeitig mal mit kritischem Blick und so ganz nebenbei, was er an Hals, Fingern und Handgelenken trägt. Denn Schmuck sagt etwas über ihn und über sein Verhältnis zu Frauen aus. Männerschmuck ist deshalb so aufschlußreich, weil er eben nicht zweckvoll und funktional ist. Armbanduhren möchte ich hiervon ausschließen. Ein Mann ist auch unfähig, ein Schmuckstück zu tragen, das nicht mit seinem Ego übereinstimmt.

›Sie‹ präsentiert sich äußerst unternehmungslustig: Die sehr weibliche Sitzhaltung auf einem untergezogenen Unterschenkel öffnet den Intimbereich, demonstrativ betont durch die linke Hand auf der Hüfte. Blick und Lippen sind offen, und das scheinbar gedankenlose Spiel mit der Perlenkette lenkt den Blick des Gegenübers in das Dekolleté.

6

IN DEN SIEBENTEN HIMMEL

Tanzen – das schönste Vorspiel für die Liebe

Wer spontan harmonisch miteinander tanzen kann, versteht sich auch gut im Bett! Da ist was Wahres dran! Schon in den ganz frühen menschlichen Kulturen war der Tanz eng verbunden mit Liebe, Sexualität und Lebensfreude.

Auch in unseren Breiten – weshalb Kirchenleute bereits im Mittelalter vehement gegen jedes Tanzvergnügen wetterten.

In unserer Kultur hat der Tanz im Lauf der Zeit viele Veränderungen und Verwandlungen erfahren und schließlich oft seinen direkten Lebensbezug und seine Sexualität verloren. Er teilte sich auf in Kunst- und Gesellschaftstanz.

Mit der Entwicklung des Balletts erlebten die Menschen ihn passiv, als Zuschauer. Tanz war Kunst und hatte demnach auch mit Sexualität nichts zu tun. Und dennoch standen die Balletttänzer immer ein wenig im Ruf, sexuell besonders ausschweifend zu sein.

Die Gesellschaftstänze basierten zwar auf der Grundlage einer gewissen Aktivität, doch wurde auch diese im Lauf der Zeit zunehmend reglementiert – die Art, wie sich die Tanzpartner berührten, ihre Schritte immer mehr einengten. Doch trotz dieser Vorschriften haben die Menschen wohl nie das Gespür für das, was außer einer gewissen Schrittfolge noch im Tanz steckt, verloren. Das veranlaßte Autoren von Aufklärungsbüchern noch im 19. Jahrhundert, dringend vor den negativen Konsequenzen eines jeden Tanzvergnügens zu warnen. Denn – so kann man nachlesen – »es ist sicher, daß die Bewegung des Tanzes auf keine Teile des menschlichen Körpers, besonders des weiblichen, mehr Wirkung tut als auf die Geschlechtsteile«.

Nur ganz langsam konnten sich zu Beginn unseres Jahrhunderts wieder freiere Tänze entwickeln, die allerdings auch weiterhin mit großem Argwohn aufgenommen wurden. Und so ist auch in einem Buch von 1947 noch zu lesen, daß die Jugend zwar nach ›beseelten Klängen‹ mit ›edlen Gebärden‹ tanzen dürfe, sich aber nicht auf Tanzböden vergnügen solle, ›die der Tummelplatz aller Niedrigkeiten‹ seien. Gemeint waren die Tänze, die wieder Lust an den rhythmischen Bewegungen zuließen, die aber auch selbst aus Bewegungen bestanden, welche Lust auf mehr als nur das Tanzen auslösten. Wie zum Beispiel die Beat-, Rock- oder Soultänze.

Kein Wunder also, daß deren lustvolle, oft eindeutig sexuelle Bewegungen es ihnen schwergemacht haben, sich durchzusetzen. Sie wurden auch zuerst nur von der rebellierenden Jugend getanzt, von der ›älteren Generation‹ aber als ›Kulturschande‹ abgelehnt.

Was macht denn nun beim Tanzen sexuell so sehr an? Es sind die rhythmischen Beckenbewegungen, wie wir sie von allen Tänzen der Schwarzen kennen.

Ein Tanz, der den ganzen Beckenbereich lockert und ihn aufnahmefähig macht für sexuelle Empfindungen und Energien, ist der Bauchtanz. Er war ursprünglich in den arabischen Ländern ein ›Gebärtanz‹. Frauen tanzten ihn einer werdenden Mutter vor, um sie so bei der Wehenarbeit zu unterstützen.

Später wurde vor Männern getanzt, um sie sexuell anzuheizen – aber auch, um sich selbst sexuell zu stimulieren.

Der Tanz als Liebeswerbung ist eins der ältesten und elementarsten Rituale – nicht nur beim Menschen. Beobachten Sie doch mal Tiere, wenn sie balzen!

Wie beim Tanz, so ist es auch bei der sexuellen Liebe: Man muß sich erst mal kennenlernen, Bewegungen und

Schritte gemeinsam ausprobieren, um einen gemeinsamen Takt und Rhythmus zu finden. Und genauso wie bei der Liebe wirken sich Spannungen zwischen Partnern störend auf die Fähigkeit aus, sich in völligem Einklang miteinander zu bewegen.

Der Tanz ist eine Sprache der Körper, eine Verständigung jenseits der Gedanken; er kann Körper, Geist und Gefühle von allem Störenden befreien.

Tanz kann aber auch Gefühle wecken und ihnen Ausdruckskraft geben. Wer den Tanz für die eigene Sexualität neu entdecken will, braucht keine Regeln, keine Schrittfolgen. Er muß sich nur dem Rhythmus der Musik hingeben.

Wer verliebt ist, weiß es: Der Gleichklang der Körper, die sich zur Musik bewegen, läßt die Seelen gemeinsam schwingen.

Vom Parkett direkt ins Bett

Es ist – bei allen gefühlsmäßigen Schwingungen – eine verblüffende Tatsache:

An seinem ›Tanzstil‹ können Sie erkennen, ob er ein guter Liebhaber ist. Eine Hamburger Diplompsychologin hat ›ihn‹ analysiert:

Der Konservative

Er ist unermüdlich. Die Standardtänze beherrscht er in souveräner Manier. Auch die Modetänze bewältigt er noch mit Stil und Eleganz, manchmal sogar mit einem Schuß Grandezza. Er führt sicher, mit geschmeidigen Bewegungen, eckt deshalb auch im dichtesten Getümmel selten an.

Er bewahrt Haltung – auch im Bett. Zumindest was die Quantität betrifft. Da ist er unermüdlich. Seine Techniken sind manchmal etwas individuell verfeinert, selten ganz neu. Künstliche Hilfsmittel, unübliche Stellungen und abenteuerliche Gelegenheiten lehnt er ab.

Er liebt es eher bequem im Bett – regelmäßig, am Wochenende und hygienisch. Sex gehört für ihn zu den kleinen, aber regelmäßigen Freuden des Lebens. Ein krisenfester Mann, der seine Liebeskunst nie in Frage stellt. Kein Casanova, aber einer, der im Bett nicht enttäuscht.

Der Kreative

Er ist der Typ, der immer auffällt. Er tanzt wie ein Solist im Ballett. Mal platzsparend soft, mal raumgreifend Beat – aber immer mit den ausgefallensten sinnlichen Bewegungen. Kein Schritt ist wie der andere. Der Kreative verhält sich im Bett wie im Leben: Er will Applaus, und deswegen bemüht er sich, erotisch Spitzenklasse zu sein. Er berauscht sich an einem ausgefallenen Vorspiel, erfindet atemberaubende Stellungen – mit Vorliebe an ungewöhnlichen Plätzen –, gibt sich leidenschaftlich, ekstatisch, dramatisch.

Entspannend ist die Liebe mit ihm deswegen nie, und auch Geduld zählt nicht gerade zu seinen Stärken. Die ist allerdings für ihn auch nicht so vonnöten, denn bei der Intensität seiner Liebe läßt der Applaus nie lange auf sich warten. ›Sie‹ erlebt mit ihm wilde Nächte. Er wird keiner Frau eine Atempause lassen.

Der Fummler

Sein Tanzstil setzt sich zusammen aus Softline-Schmuserock und Klammerreflex. Auffallend ist seine Bewegungsarmut, in Aktion sind nur seine Hände – die dafür um so mehr. Verstohlen, aber für andere deutlich sichtbar, wandern sie über weibliche Pole.

Ein so demonstrativ sinnliches Verhalten ist oft Pose. Das gehört zu den Vorstellungen des Fummlers von Männlichkeit. Aus seiner Sicht beweist es, daß er sexuell immer bereit ist. Im Bett benimmt er sich wie ein guter Liebhaber, was sich aber als Irrtum herausstellt: Er ist eher phantasielos, uneinfühlsam, programmatisch. Rhythmisch schnelle Bewegungen hält er zum Beispiel für richtig guten Sex. Auf jeden Fall erwartet er für seine Bemühungen liebevolle Anerkennung.

Am Körper seiner Gespielin ist er in Wirklichkeit nicht sonderlich interessiert. Er denkt nur an sich!

Der Schüchterne

Wer ihn beim Tanzen beobachtet in seinen rührend-eckigen Bemühungen, niemandem auf die Füße zu treten, merkt es schnell: Tanzen ist für ihn ein Alptraum!

Er bewegt sich ungelenk und steif, mit feinen Schweißperlen auf der Stirn. Oder er bemüht sich verzweifelt um Takt.

Der Schüchterne ist auch im Bett keine Führernatur, aber er zeigt sich eifrig, entwicklungsfähig, wißbegierig. So unbedarft er in der Öffentlichkeit reagiert – wenn er sich bei einer Frau sicher fühlt und jeden Teil des Körpers genau kennt, kommen ungeahnte Qualitäten zum Vorschein – nämlich seine unermüdliche Potenz. Schließlich hat er lange genug auf eine Frau gewartet, das macht ihn so stark.

Er hält sich zwar an die üblichen Grundstellungen, jedoch mit dem Ehrgeiz, daß auch ›sie‹ einen Höhepunkt erlebt.

Spielerische Einladung: Die Beine sind zwar noch geschlossen, die Unterschenkel noch leicht verhakt, aber die Selbstumarmungsgeste des linken Knies demonstriert: »So möchte ich umarmt werden (umarmen)!« Der Kopf ist leicht zurückgeworfen, dazu ein Lächeln mit geöffneten Lippen: Ansprechbarkeit!

Der Nichttänzer

Man sollte unterscheiden zwischen echten und unechten Nichttänzern, die äußerlich schwer auseinanderzuhalten sind. Echte Nichttänzer können wirklich nicht tanzen, aus mangelndem Rhythmusgefühl oder wegen zweier linker Füße. Während die unechten nicht tanzen wollen. Sie spielen ›lonesome cowboy‹ auf ihrem Stuhl oder Barhokker, demonstrieren Abwehr, kalte Schulter, Desinteresse. Wer dermaßen auf Distanz geht, der sucht in Wirklichkeit Anschluß, hat aber Angst, selbst aktiv zu werden. Ein solcher Mann will erobert werden. Wenn das dann klappt, ist er ein dankbarer Liebhaber. Er braucht zwar viel Zeit, um sich auf eine Partnerin einzustellen, aber danach hat sie bei ihm immer Anspruch auf Exklusivität. Er ist einfühlsam, zärtlich, leidenschaftlich und steht sexuell immer zur Verfügung. Er präsentiert sich als erotischer Dauerbrenner – der selten enttäuscht.

Natürlich wäre es sehr unfair, nur die Qualitäten der Männer aufzuzeigen, wenn sie tanzen. Denn Frauen signalisieren auch eine ganze Menge, wenn sie das Tanzbein schwingen.

Ihr Lieblingstanz verrät ›sie‹

Gehören Sie auch zu den Frauen, die mit leuchtenden Augen immer gleich verkünden: »Du, ich tanze irrsinnig gern Tango«? Ich geb's zu, ich melde da schon meine Wünsche an. Und das kann sich als ganz schön entlarvend erweisen!

Also passen Sie auf, die Psychologen haben in mühevoller Kleinarbeit ganz schön viel darüber herausgefunden, was der Lieblingstanz einer Frau über sie verrät – auch sexuell:

Der romantische Walzer

Sie ist eine zärtliche Träumerin. Bis zum ersten Mal läßt sie sich viel Zeit – und dann darf der Mann nicht gleich mit der Tür ins Haus fallen, sondern er muß die Zärtlichkeit in Person sein. Experimente im Bett sind nicht so ganz ihr Fall – dafür ist eine Walzertänzerin absolut treu!

Der sinnenfrohe Lambada

Diese Frau ist sinnlich und sexy. Im Bett ist sie ein leidenschaftlicher Vulkan, ist bei der leisesten Berührung sofort erotisiert und hat nichts gegen Sex so im Vorübergehen einzuwenden.

Der lateinamerikanische Rumba

Eine derartige Frau ist ganz besonders phantasievoll und mag alles, was schön und stilvoll ist. Wenn ihr Partner auf sie eingeht, seine Phantasie spielen läßt und im Schlafzimmer für eine sehr schöne Atmosphäre sorgt, ist ihr sexuelles Verlangen schnell auf dem Höhepunkt.

Der erotische Tango

Diese Frau ist ein Vamptyp, dessen Eroberung nur unter großen Schwierigkeiten möglich ist. Sie spielt gern mit Männern, macht ihnen schöne Augen, wickelt sie um den Finger – und läßt sie fallen wie eine heiße Kartoffel. Wenn es einem aber wirklich gelingt, sie zu besitzen, dann ist ihre Leidenschaft grenzenlos.

Der Twist

Sie geht zielstrebig durchs Leben, ist durchtrainiert, sehr leistungsorientiert – besonders im Beruf. Beim Sex legt sie große Ausdauer und enorme Aktivitäten an den Tag.

Hauptsache für sie ist, daß der Partner mithalten kann. Andernfalls wird er sehr schnell abserviert.

Die Polka

Der Tanz für die gemütliche und lustige Frau. Im Bett ist sie unkompliziert, für Raffinessen wie Strapse und Stellungswechsel fehlt ihr jedoch jedes Verständnis.

Discotänze

Diese Frau versucht in ihrem Leben jeden Zwang abzuschütteln und alle Fesseln zu sprengen. Sie liebt es zu diskutieren. Ohne ausführliche Gespräche zuvor läuft hinterher im Bett überhaupt nichts.

Der Samba

Der Tanz der lebensbejahenden Frau, die auch schwierigste Situationen meistert. Einem Mann, der stark ist, ihr Halt und Schutz verspricht, gibt sie sich leidenschaftlich hin. Sie ist vollblütig, ein Kuscheltyp und weiß gar nicht, was Partnerwechsel ist.

Der Foxtrott

Diese Frau ist praktisch, zielstrebig, unkompliziert. Mit dem Mann, in den sie sich verliebt, muß sie Pferde stehlen können. Aus reiner Sinnenfreude würde sie niemals mit jemand ins Bett gehen. Sie überlegt sich vorher ganz genau, ob er zu ihr paßt oder nicht. Wenn nicht, dann ist er eben nur ein guter Kumpel – und bleibt es auch.

Der Mambo

Sie hat Spaß daran, Männer zu reizen, ist warm, weich und anspruchsvoll zugleich. An den Sex stellt sie hohe Erwartungen: Ihr Partner muß sich in all ihre Stimmungslagen einfühlen können. Wenn ihm das gelingt, dann ist sie Feuer und Flamme. Aber Vorsicht: Genauso schnell geht's ihr mit anderen Männern. Wenn diese Frau in Stimmung ist, dann läßt sie nichts, aber auch gar nichts anbrennen.

Jetzt wissen Sie, warum ich Ihnen empfohlen habe, aufzupassen, wenn es um das Geheimnis Ihres Lieblingstanzes geht.

Aber manchmal kann man ja auch ein klein wenig schwindeln – oder?

Übergeschlagene Beine können – wie so manches Einzelzeichen der Körpersprache – Unterschiedliches, ja Gegensätzliches bedeuten. Hier läßt die ganze übrige Körperhaltung und Gestik (etwa das offene Handgelenk, der offene Mund, die Betonung der Hüfte) den Aufforderungscharakter erkennen. Das Spiel mit dem wippenden Schuh wirkt auf viele Männer besonders aufreizend.

7

LIEBES-TRÄUME

Verführung heißt die hohe Kunst der Liebe

Es ist kaum vorstellbar, daß damals im Paradies der Apfel von Adam zu Eva gelangt wäre, statt umgekehrt.

Falls doch, hätte Eva die Frucht mit Sicherheit für ihren Adam geschält, in kleine Stückchen geschnitten und – hätten sie damals schon Tellerchen gehabt – ihn auf ein solches gelegt und ihm gereicht. Was für sie eine Selbstverständlichkeit gewesen wäre.

Denn die Verführung, das wußte sie bereits, lag fest in ihrer Hand.

Das war schon immer so, auch wenn die weibliche Initiative in Liebesdingen lange Zeit mit einem erotischen Bannfluch belegt war. Deshalb wurden erotisch aktive Frauen als Hexen, offensive Männer dagegen als tolle Hechte bewundert.

Giacomo Casanova war so einer. Der italienische Abenteurer sammelte Frauen wie andere Leute Schmetterlinge oder Briefmarken, aber das hat seinem posthumen Ruf beileibe nicht geschadet.

Katharina die Große kam da nicht so augenzwinkernd weg. Obwohl ein wenig von ihrem stürmischen Temperament jeder Frau gut zu Gesicht stünde wie jedem Mann ein Quentchen Casanova. Dieser konnte nämlich seiner Angebeteten das Gefühl vermitteln, sie sei die Beste, Einzige und Schönste – wenn auch manchmal nur für eine Nacht! Nur wenn diese Frauen mehr als nur ein leidenschaftliches Abenteuer begehrten oder gar die Ehe – dann platzte ihr Traum wie eine Seifenblase. Casanova liebte die Frauen und achtete sie. Moderne Männer würden gut daran tun, mal im tiefsten Innern darüber nachzudenken, ehe sie ihre Triebe sprechen lassen.

Leider hat das Beispiel des skrupellosen Romanhelden Don Juan eher Schule gemacht. Das Sinnen und Trachten des spanischen Edelmanns war ganz darauf ausgerichtet, die Frauen nur zu besitzen. Er eroberte sie, wie ein Feldherr sich ein feindliches Land unterwirft.

Zum Glück stirbt dieser Männertyp allmählich aus. Bleibt wenigstens zu hoffen!

Die meisten des angeblich starken Geschlechts gehören dem Club der Verunsicherten an. Draufgängertum ist nicht mehr gefragt, eine Alternative zeichnet sich auch noch nicht ab – und überhaupt, was wollen die Frauen eigentlich im Zeitalter des Feminismus?

Zum Beispiel Lehrmeisterinnen sein. Denn Frauen beherrschen die Kunst, das Filigranwerk der Liebe zu knüpfen. Woher stammt denn sonst das Wort ›umgarnen‹? Es waren nicht die Männer, es waren die Frauen, die sponnen und webten. In diesen Tätigkeiten lag zu früheren Zeiten ein praktischer und ein übertragener Sinn. Frauen webten den Stoff für die Kleidung – und den des Lebens. Der Mann wurde von ihnen darin eingebunden. Manchmal auch eingewickelt. Und er ließ es sich gern gefallen.

Im vorklassischen Griechenland konnten Frauen auf Liebesschulen ihre amourösen Fertigkeiten verfeinern. Ein paar Jahrtausende später durften sie höchstens mal ein Taschentuch fallen lassen, um auf sich aufmerksam zu machen – einen Fußknöchel zu zeigen, wäre da schon frivol gewesen. Diese verklemmte Moral, die der Frau die Rolle der Passiven zuwies, weicht zunehmend einer neuen Freizügigkeit. Immer mehr Frauen trauen sich, den ersten Schritt zu tun, und eine wachsende Zahl von Männern genießt das. Frauen wissen eben: Ein männliches Wesen, das sich angesichts weiblicher Tatkraft gedemütigt fühlt, taugt sowieso nicht als Objekt der Begierde. Da wäre alle Kunst nur verschwendet.

Aber immerhin haben achtzig Prozent aller Männer, so eine amerikanische Studie, den gleichen Liebestraum: Ein lockendes Weib kommt geradewegs auf sie zu, lächelt und sagt: »Du gefällst mir.« Ein solcher Satz steht allerdings meist erst am Ende eines Verführungskunstwerks.

Zuerst zieht eine Frau nämlich unmerklich ihr Netz zu. Reizwäsche spielt dabei übrigens genausowenig eine Rolle wie eine Schlachtplatte in einem Feinschmeckerrestaurant. Jedenfalls, wenn mit Reizwäsche dieses lächerliche Zaumzeug aus Pornofilmen gemeint ist.

Es könnte aber sein, daß eine Frau mit Absicht schöne Dessous trägt, um ihre eigene Stimmungslage zu heben, lange bevor ›er‹ diese erotisierende Haut zu Gesicht bekommt.

Denn am Anfang aller Verführung wird das ›Kopfkino‹ eingeschaltet. Die Phantasie entfaltet ihre Flügel. Träume breiten sich aus wie bunte Fächer. Bevor sie erfüllt werden, blitzen die ersten Blicke. Ein scheinbar unverfängliches Wortgeplänkel über verfängliche Dinge wird eingeleitet. Die Atmosphäre verdichtet sich. Vielleicht denkt der Mann jetzt, er hätte die Fäden in der Hand? In diesem Irrtum beläßt sie ihn gern! Denn sie bestimmt das Tempo. Es kann ruhig dauern. Frauen sind beharrlich und geduldig. Verführung heißt für sie nicht lästige Vorarbeit, sondern lustvolles Vorspiel. Den Zeitpunkt, an dem nach der Phase des Zündelns endlich das Feuer ausbrechen darf, erspüren die meisten instinktiv richtig.

Selbst in einer langjährigen Beziehung gelingt es ihnen immer wieder, den Zauber der ersten Verliebtheit wieder neu zu entfachen. Frauen sind eben doch die klügeren Regisseurinnen der Liebe!

Und ich meine, es lohnt immer, gründlich über die Kunst der Verführung nachzudenken – und daraus Schlüsse zu ziehen!

Weil wir gerade bei der Verführung sind – wie ist es: Verwirklichen Sie Ihre erotischen Träume? Sagen Sie

Ihrem Partner – wenigstens manchmal –, was Ihr Kopfkino alles produziert? Denn Sie wissen: Sexuelle Phantasien und erotische Träume sind oft sehr genaue Hinweise, sehr deutliche Signale, was Sie sich von Ihrem Partner wünschen.

Erotische Träume und sexuelle Phantasien machen die Liebe lustvoller

Einmal Hand aufs Herz – haben Sie nicht auch mal von jemand anderen geträumt, wenn Sie in den Armen Ihres Partners lagen? Und mußten Sie später mit Schuldgefühlen fertig werden, so nach dem Motto: »Vielleicht liebe ich ihn doch nicht so, wie ich mir das immer einbilde?«

Da kann ich Sie gleich beruhigen: keine Panik! Denn erotische Träume sind normal, und mit ihnen lebt fast jeder Mensch. Und zwischen den Geschlechtern besteht in dieser Beziehung absolut kein Unterschied.

Die sexuellen Wünsche – etwas anderes sind diese Träume ja nicht – Ihres Partners sind genauso wichtig wie Ihre eigenen und sollten nach Möglichkeit auch erfüllt werden, um Spannungen zwischen Ihnen zu vermeiden.

Denken Sie doch mal darüber nach, was Sie bei einer zärtlichen Umarmung alles empfinden. Das sind genau die Augenblicke, in denen die Phantasien aufsteigen, ganz versteckt und ganz geheim.

Nur schade, daß es immer noch Probleme gibt, mit dem anderen ehrlich darüber zu sprechen.

Da hat mir zum Beispiel Hanna, eine jungverheiratete Frau, erzählt: »Ich liebe meinen Mann und finde Sex mit ihm wunderschön. Er ist sehr zärtlich zu mir. Deshalb schäme ich mich fast, daß ich, wenn ich mit ihm schlafe, mir einen brutalen Mann vorstelle, der mich so richtig anpackt. Allein nur der Gedanke daran bringt mich schon sehr schnell zum Orgasmus.«

Jürgen, seit fünfzehn Jahren verheiratet, vertraute mir an: »Ich träume, seit ich verheiratet bin, davon, daß meine Frau mal richtig aktiv wird. Mit allem, was dazugehört. Ich habe Hemmungen, ihr das zu sagen, weil ich glaube, daß das aus ihrer Sicht pervers ist.«

Das Sexologische Institut in Hamburg hat in diesem Zusammenhang festgestellt, daß

- 87 Prozent der Männer und 63 Prozent der Frauen sexuelle Phantasien nicht fremd sind,
- 47,9 Prozent der Männer und 39,3 Prozent der Frauen bestätigen, daß sie ihre sexuellen Wunschvorstellungen stärker ausleben möchten,
- 57 Prozent der Frauen und 58 Prozent der Männer sagen, daß sie darüber mit ihren Partnern sprechen können,
- 61 Prozent der Frauen und 52 Prozent der Männer ihre Phantasien mit dem Partner auch ausleben. Sie erfüllen sich ihre Wünsche, die sie durch ihre Träume signalisieren.

Und das ist gut so, denn Phantasien lassen uns die Sexualität nicht nur lustvoller erleben, sie machen uns auch deutlich, was wir bei unserem Partner vermissen, und was wir uns von ihm wünschen:

Frauen träumen sehr oft vom Sex mit einem unbekannten Mann, mit Blumen, Champagner, Kerzenlicht, was in den meisten Fällen den unbestimmten Wunsch nach Abwechslung mit einem anderen Partner zum Ausdruck bringt. Deshalb bleibt auch das Gesicht des Traummanns verschwommen.

Aber auch bei solchen Frauen, die nur mal eine andere Stellung als die übliche ausprobieren wollen, sind diese Phantasien keine Seltenheit. Sie wissen, daß ihr Partner nicht daran interessiert ist, auf ihre Wünsche einzugehen. Deshalb zeigt der Sex in ihrem Wunschdenken alle typischen Merkmale des flüchtigen Seitensprungs.

Wenn Frauen in ihrer Phantasie sich oralen Sex mit einem Kollegen oder Bekannten ausmalen, irgendwie in der freien Natur oder im Auto, so bedeutet das, daß sie ihren Partner manchmal etwas einfallslos und pedantisch finden. Sexuell sind sie zufriedener als der Durchschnitt. In ihren Träumen drücken sich auch keine konkreten Sexdefizite aus, sondern allgemeine Unbehaglichkeit und unerfüllte Wünsche nach einem lässigeren Lebensstil.

Ein anderes Beispiel: Frauen stellen sich ihre Vergewaltigung durch mehrere Männer vor, eine häufige Erscheinung bei sexuell sehr unzufriedenen Frauen. Zu einem kleinen Teil handelt es sich um Frauen, die immer wieder vor Männern zurückschrecken, sich widerwillig und nur ganz selten auf Sex einlassen. Sie realisieren in ihren Phantasien das Verhalten, das sie sich insgeheim von den Männern wünschen.

Die andere, größere Gruppe von Frauen mit dieser Phantasie hat einen festen Partner, der auch gern und oft mit ihnen schläft. Sie lebt jedoch in der irrigen Vorstellung, daß Sex zufriedenstellender wäre, wenn der Partner mehr Schwung, mehr Initiative, mehr Durchhaltevermögen zeigen würde.

Auch die sexuellen Phantasien des Mannes drücken vor allem aus, was er sich von der Partnerin wünscht – aber er hat Angst davor, diesen Wunsch zu äußern.

Wunschvorstellung Nummer eins ist Sex mit der eigenen Partnerin. Die Umgebung spielt darin keine Rolle. Aber sowohl die Stellung als auch das Äußere unterscheiden sich vom Gewohnten. In seiner Phantasie trägt sie Strapse, Pumps, lange Stiefel oder Netzstrümpfe.

Bevorzugte Sexposition ist der ›Reitsitz‹ der Frau, eine ganz normale Sexphantasie der Männer, in der sich das starke Bedürfnis nach Abwechslung im Ehebett zeigt.

Träumen Männer vom Sex mit fremden Frauen in ungewöhnlicher Umgebung, dann kommt der Wunsch durch, von dem die meisten Männer beherrscht sind: möglichst jede attraktive Frau in der Umgebung einmal besessen zu haben. Die Partnerschaft dieser Männer kann hundertprozentig in Ordnung sein. Was sie reizt, ist einfach nur die Idee!

Sehr oft träumen Männer von Fellatio durch die eigene oder eine fremde Frau. Und davon, daß sie dabei entdeckt werden! Was hauptsächlich bei Männern der Fall ist, die noch nie oder selten Fellatio erlebt haben und sich nun permanent ausmalen, wie schön das sein könnte.

Davon träumen aber auch Männer, die sich unterdrückt fühlen, die sich im Beruf oder in der Partnerschaft nicht voll entfalten können. Für sie ist das Fellatio-Wunschbild eine Art Ersatzbestätigung ihrer Persönlichkeit.

Sie sehen, unsere sexuellen Phantasien gehören nicht ins Reich der Träume. Sie verraten immer unsere heimlichen Sehnsüchte, die Wünsche, die wir an unseren Partner haben. Deshalb ist es so wichtig, darüber zu sprechen. Denken Sie auch immer daran – wenn Sie diese Träume vom anderen erfahren, ist das so wie mit der Körpersprache, den Signalen, die wir aussenden, um auf uns aufmerksam zu machen.

Sie sollten deshalb unbedingt Ihre inneren Barrieren abbauen und vor der Frage: »Was wünschst du dir, woran denkst du jetzt?« auf keinen Fall zurückschrecken.

Ach ja, das wollte ich Ihnen auch noch sagen: Verschwenden Sie keine Gedanken mehr daran, ob sexuelle

Phantasien normal sind oder nicht. Sie sind auf jeden Fall wichtig! Denn nur phantasievolle Menschen erweisen sich als gute Liebhaber und verführerische Geliebte!

Frauenträume, die Verwirrung stiften

Völlig verwirrt hat mir vor kurzem eine junge Frau in meiner telefonischen Beratung erzählt: »Ich bin jungverheiratet, ich liebe meinen Mann, und trotzdem habe ich sexuelle Phantasien, die mich verunsichern. Ich liege nach dem Sex wirklich befriedigt in seinen Armen, versuche irgendwann einzuschlafen – und dann kommt der Traum. Ich liege mit einer Frau im Bett und lasse mich von ihr küssen und streicheln und berühren. Mich bringt dieser Traum in einen schrecklichen Zwiespalt. Ich habe Angst davor, lesbische Neigungen zu haben, und ich fange an nachzugrübeln, ob es tatsächlich richtig war, meinen Mann zu heiraten. Immer wenn ich diesen Traum hatte, frage ich mich, ob ich ihn auch wirklich liebe.«

Ich habe ihr unter anderem folgendes erklärt: In drei von vier Frauen ist der geheime Wunsch vorhanden, von einer anderen Frau liebkost zu werden. Das weist nicht unbedingt auf lesbische Neigungen hin, sondern oft auf die mangelnde Zärtlichkeit des Partners.

Phantasien von lesbischer Liebe sind nur eine der vielen Spielarten der Lust – und deshalb ganz normal. Eine Frau genießt es, in solchen Träumen zu schwelgen.

Nach einer Umfrage des Sexologischen Instituts Hamburg träumen Frauen auf diesem Sektor ganz konkret:

- 50 Prozent, daß eine andere Frau ihren Busen streichelt,
- 64 Prozent von oralem Sex und
- 75 Prozent, daß eine Partnerin sie an allen erogenen Zonen zärtlich berührt.

Das, finde ich, überrascht nicht weiter – denn wer könnte wohl den Körper einer Frau und ihre Gefühle besser kennen und verstehen als – eben eine Frau?

Wenn von solchen Träumen die Rede ist, werde ich sehr oft gefragt, ob Frauen denn lesbisch sind, wenn sie sich die Liebe mit einer anderen Frau ausmalen.

Natürlich wünscht sich manch eine dieser ›Träumerinnen‹ echte sexuelle Erfahrungen mit einer Geschlechtsgenossin. Fast immer liegt die Ursache dafür darin verborgen, daß Frauen in ihrer Partnerschaft etwas vermissen: die Zärtlichkeit des Mannes!

Eine Frau erfährt durch solche Träume, daß sie sich in ihrem Körper nicht richtig verstanden fühlt. Sie wünscht sich nichts sehnlicher, als daß der Mann sich zum Beispiel mehr mit ihrer Scheide, mit ihrer Klitoris beschäftigt. Sie will, daß er endlich versteht, wie die weibliche Sexualität funktioniert. Daß sie als Frau länger braucht, um sexuell erregt zu werden. Und daß aus diesem Grund ein langes Vorspiel wichtig ist.

Oft höre ich, daß sich Frauen sexuell überfordert fühlen. Sie wünschen sich von Zeit zu Zeit, lieber nur zu kuscheln, als halbherzig beim Sex mitzumachen. Mit dem Resultat, daß sie in eine echte Zwickmühle hineinschlittern, denn auf der einen Seite will die Frau den Mann durch ihre Verweigerung nicht kränken. Auf der anderen Seite möchte sie aber auch nicht als zickig oder gar als frigide beziehungsweise langweilig dastehen. Das ist der Grund, warum sich Frauen in solche Träume flüchten – von einer Liebe ohne Forderungen und völliger Hingabe.

Wenn Sie sich als Frau Ihre geheimen Träume eingestanden haben, dann müssen Sie lernen, auch dazu zu stehen! Ich bin sicher, Sie werden innerlich ein paar Hürden nehmen müssen, bevor Sie es schaffen, mit Ihrem Partner darüber zu sprechen. Aber glauben Sie mir, es lohnt sich!

Man kann Sehnsucht nach Berührungen und Küssen nicht immer nur mit Gesten zu verstehen geben – da müssen schon manchmal die passenden Worte für Klarheit sorgen.

Von Fall zu Fall können Männer je nach Grad ihrer Sensibilität diese Träume richtig deuten – vorausgesetzt, sie erfahren sie auch.

Aber das ist selten.

Und die Gabe des Hellsehens ist den allermeisten Menschen nun mal nicht gegeben, deshalb kann ein Mann nicht wissen, was Sie als Frau wollen und wie für Sie die Liebe am schönsten ist.

Sie, meine Herren, sollten auch etwas beherzigen: nämlich nicht nur an Ihren Qualitäten als Liebhaber zweifeln oder vielleicht gar Ihre Frau in den Armen einer anderen Frau sehen.

Sie sollten vielmehr sehr genau zuhören und darauf reagieren. Nur so lernen Sie die Gefühle und die Wünsche Ihrer Partnerin kennen – und haben dann beide noch oder wieder mehr Spaß am Sex.

Schlafen Sie gut – oder geistern Sie nachts herum?

Das Bett ist ja gemeinhin der Ort, wo man sich endlich entspannen und ausruhen kann. Nur klappt das nicht immer, weil der andere wie wild schnarcht oder in den Kissen wühlt oder sich permanent sämtliche Decken greift. Und dann ist es mit der wohlverdienten Ruhe vorbei.

Deshalb jetzt ein paar Gedanken zum ›guten Schlaf‹:

Gehören Sie zu den Menschen, die immer und ewig von sich behaupten, zuwenig zu schlafen?

Wer kennt sie denn nicht: die Schwere am Morgen, nach einer Nacht, in der man sich herumgewälzt hat und meinte, jeden Stundenschlag mitgezählt zu haben?

Tatsache ist, daß bereits die Erwartung an den Schlaf oft übertrieben ist. Nicht jeder von uns braucht acht Stunden Schlaf. Viele Menschen fühlen sich schon nach sechs Stunden völlig ausgeruht und wieder taufrisch!

Mit zunehmendem Alter jedoch kommt man sowieso mit weniger Schlaf aus. Wenn also ein älterer Mensch um zehn Uhr abends schlafen geht, ist er gegen vier Uhr morgens wieder wach. Ihm erscheint die Nacht dann unendlich lang! Auch wenn man glaubt, wachgelegen zu haben, erweist sich das als ein Irrtum – es war ein Traumschlaf.

Übrigens erinnern sich die meisten Menschen am Morgen nur ganz selten an das, was sie geträumt haben. Die Trauminhalte sind bereits wieder verdrängt worden.

Nun ist klar, daß wir nicht immer gleich gut schlafen können: Probleme, Sorgen, Klimaumstellungen und andere Ausnahmesituationen wirken auf das Schlafbedürfnis ein. Mit dem Ergebnis, daß diesem durch die Einnahme von Kapseln, Dragées, Tabletten oder Tropfen nachgeholfen wird. Es ist unbestreitbare Tatsache, daß immer mehr Menschen auf Schlaf- und Beruhigungsmittel zurückgreifen. Die meisten dieser ›Medikamente‹ beeinflussen das Schlafmuster und ändern den Schlafrhythmus.

Darüber hinaus erfordern sie mit zunehmender Gewöhnung eine immer größere Dosis. Man läuft Gefahr, am folgenden Morgen einen ›Hangover‹ zu haben, der sich in Müdigkeit und Konzentrationsstörungen bis hin zu Übelkeit und Schwindel bemerkbar macht.

Was tut man dann dagegen? Das liegt auf der Hand: Man bedient sich irgendwelcher Aufputschmittel, hauptsächlich Kaffee oder Tee, um sich in Schwung zu bringen – ein echter Teufelskreis.

Diese Selbstumarmungsgeste ist keine einladende Demonstration, sondern ängstliches, abweisendes Sich-selbst-Schützen. Das Knie wird so hochgezogen, daß es Unterkörper und Brust bedeckt und schützt. Der zusammengerollten Körperhaltung entspricht der vorsichtige Seitenblick. Der Mund ist geschlossen.

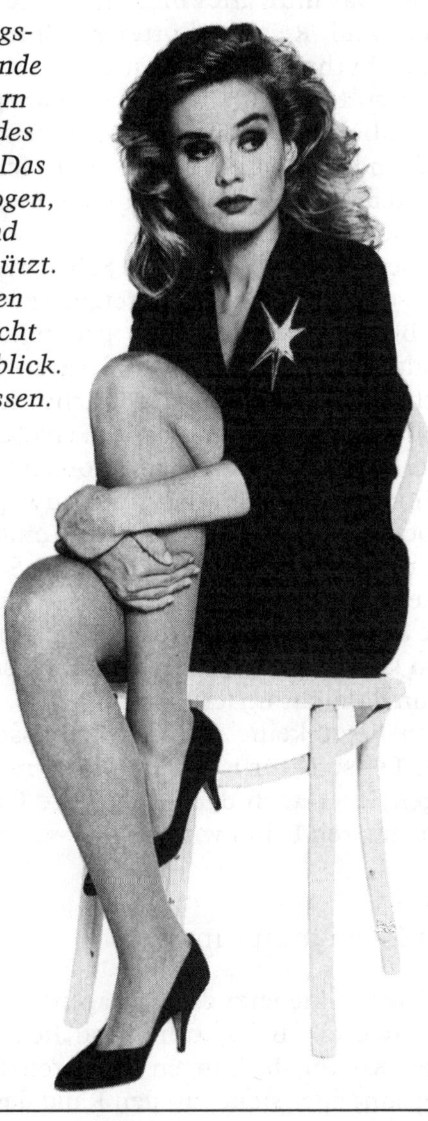

Aber das muß alles nicht sein. Sie können trotz Hektik, Streß und Reizüberflutungen Ihren ganz persönlichen Schlafrhythmus neu gestalten!

Sie sollten deshalb nach zwanzig Uhr keine schwerverdaulichen Mahlzeiten mehr zu sich nehmen. Sehr beruhigend wirkt ein Glas Honigmilch. Alkohol in kleinen Mengen, zum Beispiel ein Glas Bier, kann ebenfalls entspannend sein.

Überprüfen Sie auch Ihre Schlafhygiene: Das Schlafzimmer sollte frei von Tagesereignissen sein. Möglichst nicht im Bett fernsehen, schon gar keine nervenzerfetzenden Sendungen, keine Krimis. Sperren Sie nach Möglichkeit auch Ihre ungelösten Probleme aus, denn die werden nachts nicht leichter, sondern erscheinen noch viel unlösbarer. Besser ist es, sie am Morgen neu anzugehen!

Ein Spaziergang oder eine lauwarme Dusche vor dem Zubettgehen wirken ebenfalls Wunder.

Und dann gibt's auch noch die ›Schlafkissen‹, in denen Lavendel, Thymian und Melisse eingenäht sind, die durch ihre ätherischen Duftstoffe angenehm beruhigen.

So könnte man doch tief und fest schlafen – oder nicht? Wenn da nicht unser Partner wäre!

Um jetzt keine Mißverständnisse aufkommen zu lassen: Es ist natürlich wunderbar, miteinander im Bett zu liegen, aber auch der liebevollste Partner kann im Schlaf zum ärgsten Feind werden!

Der Zweikampf im Bett

Würde ich Sie jetzt direkt fragen: »Na, liegen Sie in Ihrem Bett wie ein Baby, ruhig und lieb? Oder wühlen Sie in Ihren Kissen, bedrängen Sie Ihren Partner, schieben ihn langsam, aber sicher an den Rand des ›Abgrunds‹?«

Dann würden Sie entrüstet antworten: »Was soll denn das? Klar liege ich ganz ruhig, aber mein Mann beziehungsweise meine Frau, der/die läßt mir ja keinen Platz!«

Deshalb möchte ich Ihnen jetzt ein paar Schlafstörer-Typen vorstellen. Vielleicht finden Sie sich oder Ihren Partner ja unter ihnen wieder:

Die Drängler

Dieser Typ gehört zu den rabiatesten. Kaum ist das Licht verloschen, beginnt er mit seinen Attacken und beansprucht auch noch den größten Teil des Bettes für sich allein. Begründung: »Ich kann sonst nicht einschlafen.« Ist er dann endlich entschlummert, legt er erst richtig los. Bevorzugte Waffen: Ellbogen, Gesäß und Füße. Gegen den Drängler gibt es nur eine erfolgversprechende Abwehrmaßnahme: fest in das Laken krallen oder sich gegebenenfalls mit Händen und Füßen gegen die Wand stemmen. Drängler können nur durch entschlossenen körperlichen Widerstand zur Aufgabe gezwungen werden. Selbst lautes Schimpfen hilft da nicht.

Die sanften Schieber

Sie gehören zur ›Familie‹ der Drängler, gehen aber subtiler vor. Der sanfte Schieber nimmt sich Zeit, arbeitet mit leichtem, aber stetigem Druck und erreicht auch so sein angestrebtes Ziel – die Vorherrschaft über das Schlafgebiet! Das Opfer erkennt meist erst am Morgen den Terrainverlust. Die einzige Abwehrmethode: Wehret den Anfängen! Schon beim Verdacht kleinster Aktivitäten muß unverzüglich spürbarer Gegendruck ausgeübt werden. Das wehrhafte Herausstrecken des Hinterteils erschwert dem Soft-Aggressor sein Handwerk.

Die Nachrücker

Sie sind noch hinterhältiger als die sanften Schieber. Der Nachrücker drängelt nicht, schiebt nicht. Er füllt nur still und klammheimlich leere Räume aus – immer dann, wenn der andere ein wenig Platz macht. Wie unter magnetischer Anziehungskraft folgt er nach und treibt sein Opfer langsam, aber sicher an die Wand oder aus dem Bett. Imperialistische Nachrücker, die man auf frischer Tat ertappt, geben gern vor, sie wollten doch nur kuscheln. Zur Selbstbehauptung gegen diesen Typ eignet sich die ›Bettbleib-Methode‹. Sie erfordert gute Nerven, ist aber sehr wirkungsvoll. Der ›Bettbleiber‹ liegt wie ein Stück Schwermetall unbeweglich auf derselben Stelle. Nachrükker geben dann schnell auf und trollen sich auf ihre Seite – allerdings mürrisch.

Die Wickler

Sie kommen nur dort vor, wo eine gemeinsame Decke benutzt wird. Der Wickler wird durch ein tiefverankertes Sicherheitsbedürfnis dazu gezwungen, sich jede Nacht komplett in die Decke einzurollen, bis der Partner hilflos, nackt und frierend daliegt. Dagegen hilft nur gnadenloses, ruckartiges Zurückgrapschen der Decke. Durch diese brachiale Methode wird dem Wickler die Verwerflichkeit seines Tuns überhaupt erst bewußt. Empfehlenswert ist es auch, sich auf einen Teil der Decke zu legen und so das Wegziehen zu erschweren.

Die Kratzer

Sie verharren die meiste Zeit in unterschiedlichsten Stadien des Halbschlafs. Ständiger, meist eingebildeter Juckreiz an möglichst unerreichbaren Körperstellen zwingt den Kratzer intervallweise zu sportlichen Aktivitäten im Bett, oft noch verbunden mit verhaltenem Stöhnen. Kratzer sind sensibel und können deshalb mittels lautstark verbaler Äußerungen relativ leicht gestoppt werden. Die Angst, beschimpft zu werden, ist dann verständlicherweise stärker als der Juckreiz.

Die Zucker

Sie vollführen aus heiterem Himmel die unglaublichsten Bewegungen und treten, stoßen oder pieksen den Partner. Ursache sind meist heftige Träume oder unwillkürliche Kontraktionen der Muskulatur. Der Zucker schläft nach vollendeter Tat meist ohne Umschweife friedlich weiter – so als wäre nichts geschehen. Jeder Versuch, sich gegen seine unkontrollierten Angriffe zu wehren, ist zwecklos. Kräftiges Zurücktreten verschafft dem Opfer zumindest mentale Erleichterung.

Die Schnarcher

Das sind die am weitesten verbreiteten Schlafkiller, die Ehen zerstört, ganze Familien ins ›Unglück gesägt‹ und überhaupt nichts dazugelernt haben. Messungen ergaben, daß fast die Lautstärke startender Düsenflugzeuge erreicht werden kann. Alte Hausmittel wie das Zuhalten der Nase sind nach neueren Erkenntnissen nicht zu empfehlen, da sie immer häufiger zu Gewalttätigkeiten führen. Sinnvoll ist gelegentlich die Aufzeichnung der Tat mit einem Tonband oder eine Videokamera.

Schnarcher leugnen nämlich meistens und lassen sich nur durch audiovisuelle Dokumentationen doch noch zum hilfreichen chirurgischen Eingriff am Gaumensegel überreden.

Der Zähneknirscher

Mitten in der Nacht beginnen ihre zusammengepreßten Kiefer unaufhörlich zu mahlen. Ein gemeines Geräusch! Entsetzlich! Ursache ist entweder eine latente Freßlust oder der verdrängte Wunsch, ungeliebte Zeitgenossen zu zermalmen. Gelegentlich gelingt es dem genervten Partner, dem Zahnknirscher ein Stück Leder oder ähnlich widerstandsfähiges Material zwischen die Zähne zu schieben. Aber Vorsicht: Verstümmelungen der vorderen Fingerglieder sind nicht auszuschließen.

Die Brabbler

Unverarbeitetes Tagesgeschehen wird von diesen nervigen Schlafstörern nicht sauber und ordentlich weggeträumt, sondern in unverständlichen, aber mit Emphase vorgetragenen Monologen bewältigt. Der Lärmpegel kann mit zunehmender Textlänge kontinuierlich ansteigen. Schubsen hilft übrigens nur für kurze Zeit. Minuten später wird das Gebrabbel fortgesetzt. Dann bleibt nur noch eins: sich ins Gespräch einbringen! Das macht auch den hartnäckigsten Brabbler stumm.

Die Eisfüßler

Eiskalte Tretwerkzeuge schieben sich hinterlistig unter die Decke und vermitteln dem hilflosen Opfer das Gefühl, es läge mit einem Fisch im Bett. Einzig wirksam gegen diese Attacke auf das eigene kuschelige Wohlgefühl: totales Abschotten durch die Decken-Wickeltechnik. Und hier sehen Sie bitte nach beim Wickler-Typ.

Das alles war natürlich nicht so ganz ernst gemeint. Aber ich finde es trotzdem sehr aufschlußreich!

Wenn Sie aber wissen wollen, was Ihr Partner, Ihre Partnerin wirklich denkt und fühlt, dann müssen Sie ihn/sie im Schlaf beobachten.

Mit der Schlafhaltung werden die größten Geheimnisse preisgegeben: Denn so wie der Mensch sich bettet, so liebt er auch!

Im Schlaf zeigen wir Stärken und Schwächen

Könige, so sagt man, schlafen auf dem Rücken, der weise Mann ruhe auf der Seite, der Reiche auf dem Bauch und der Ängstliche zusammengerollt wie ein Kind im Mutterleib.

Da ist schon was Wahres dran!

Und dann heißt es noch: Eine Frau, die im Schlaf die Hände faltet, ist durch und durch sinnlich.

Deshalb meine ich, sollten wir gleich mal bei den Frauen bleiben und sehen, wie sie schlafen:

- Schläft sie in Rückenlage, der Kopf ruht auf den gefalteten Händen auf dem Kissen, dann ist sie sinnlich, erotisch, sexuell aufgeschlossen, sehr entspannt. Aber auch nachdenklich und grüblerisch.
- Schläft sie in Bauchlage, ein Bein angewinkelt, dann handelt es sich um eine ausgeglichene Frau, die alle Schwierigkeiten und Probleme, die ihr das Leben stellt, spielend bewältigt.
- Schläft sie in Bauchlage, die Hände unter, den Kopf auf dem Kissen, dann ist sie mütterlich, liebevoll, zärtlich und großzügig.
- Schläft sie in Seitenlage, die Knie hochgezogen, die Hände zur Faust geballt, dann drückt die Schläferin aus, daß sie Schutz sucht. Sehr oft haben solche Frauen Schwierigkeiten, mit dem Leben fertig zu werden.

- Schläft sie halb Bauch-, halb Seitenlage, beide Beine hochgezogen, so signalisiert sie innerliche Sperren. Sie bringt so zum Ausdruck, daß sie Komplexe hat und immer wieder die Bestätigung des Partners braucht. Und natürlich sehr viel Liebe.
- Schläft sie in Bauchlage, ganz ausgestreckt, dann ist sie mit einem starken Charakter ausgestattet. Sie neigt aber zur Eifersucht, ist sehr impulsiv und liebt das Leben, die Liebe, den Sex.
- Schläft sie in Rückenlage, die Faust auf der Brust, dann demonstriert sie ihre starke Persönlichkeit. Auf diese Frauen ist in jeder Beziehung Verlaß. Aber – und das wird sie niemals zugeben – sie ist auch verletzlich und empfindsam.

Und wie ist es nun mit ›ihm‹? Schläft er mit geballten Fäusten? Versteckt er sich wie ein Maulwurf? Oder streckt er sich im Bett aus, geradeso, als würde es nur ihn auf der Welt geben?

Schauen Sie sich ihn doch mal an, wenn er schläft:

Der Kater

Die Lage des Schläfers zeigt nicht nur äußerlich viele Ähnlichkeiten mit dem Individualisten unter den Haustieren. Der Partner verrät: Ich bin offen, möchte schmusen. Aber Vorsicht: Die rechte, teilweise geöffnete Hand mit ihren auseinanderstehenden Fingern vermittelt auch den Eindruck einer krallenbewehrten, zuschlagbereiten Katzenpfote. Der Schläfer ist ein Mann, dem niemand so ohne weiteres auf den Pelz rücken sollte. Versuchen Sie nicht, diesen Mann zu zähmen. Das mag er nicht – und es ist im Grunde auch nicht nötig. Sie werden den Kater schon zum Schnurren bringen!

Der Kissengrapscher

Wer die Nacht so verschläft, der kann keine Frau mehr umarmen! Er ist besetzt! Zum Schutz vor allzuviel körperlicher Nähe und Wärme hat er sich einen Ersatzpartner geschaffen, der ihn der Länge nach vor ›Zudringlichkeiten‹ bewahrt: sein Kuschelkissen.

Andererseits wünscht er sich aber auch Liebe. Er möchte Zärtlichkeit. Aber bitte ganz vorsichtig – und nicht zuviel auf einmal. Seien Sie also lieb und behutsam. Dann läßt er sein Schmusekissen bestimmt los.

Der Zyklop

Sein Arm verdeckt das rechte Auge, das linke ist weit geöffnet. Ein Teil der Welt wird folglich ausgeschlossen, damit der andere um so sorgfältiger beobachtet werden kann. So schläft ein Mann, der mit seinen Problemen nicht ganz zurechtkommt. Einerseits möchte er entspannt wie ein König ruhen und auch leben, andererseits fürchtet er im Schlaf und Wach-Erleben, den Überblick über seine Umwelt zu verlieren.

Als Dauerhaltung ist der Zyklopenschlaf aber ungewöhnlich. Beobachten Sie diese Stellung dennoch, dürfen Sie gewiß sein: Der Schläfer mißtraut Ihnen, Ihrer Beziehung. Er ist sich Ihrer Liebe nicht mehr sicher. Beweisen Sie ihm, daß er noch ›Lieblingskind‹ ist. Dann wird er das zweite Auge auch wieder schließen.

Der Boxer

Vorsicht bei im Schlaf zusammengeballten Fäusten! Sie verraten Aggressivität und Feindseligkeit. Wer normalerweise mit flach ausgebreiteten Händen schläft, sie nach dem Besuch der Schwiegermutter zum Beispiel oder nach einer Auseinandersetzung mit Ihnen im Schlaf noch ballt, der sagt deutlich seine Meinung!

Achten Sie nach jedem Streit also darauf, ob seine Hände entspannt, die Finger ausgestreckt sind. Nur so ist er mit der Welt und sich im reinen.

Der Tempeltänzer

Bescheiden sieht das nicht gerade aus, wenn er sich im Bett mit Händen und Füßen breitmacht. Sie hat er womöglich schon lange aus dem Bett geschubst. Aber er meint es nicht so. Diese Schlafhaltung signalisiert Aktivität und Dynamik. Ihr Schläfer tanzt immer vorn, dominiert und ist erfolgreich. Als Partner braucht er einen starken Gegenpol, der sich nicht nur in einer Hälfte des Bettes behauptet. Lassen Sie sich also nicht wegdrängen. Er würde Sie furchtbar vermissen, wenn er allein aufwacht!

Fötushaltung

Wer sich wie ein ungeborenes Kind zusammenringelt, der hat Hemmungen. Er ist ein unsicherer Kandiat für eine lebenslange Beziehung. Er fühlt sich abhängig, sucht den sicheren Pol, um den er sein Leben vertrauensvoll aufbauen kann. Er braucht eine Partnerin, die ihm Entscheidungen abnimmt, ihn wie ein Kind mit viel Liebe hegt und pflegt.

Er ist genau das richtige Pendant für mütterliche Naturen mit ausgeprägtem Beschützerinstinkt. Nicht zu vergessen: sein Zärtlichkeitsbedürfnis. Ohne Kuscheln und Schmusen läuft bei diesem Schläfer gar nichts.

Der Flamingo

Wer so friedlich schläft, muß ein ausgeglichener Mensch sein! Jemand, der mit seiner Umwelt gut klarkommt.

Aber der Schein trügt: Sein ausgestreckter Arm und das hochgezogene Knie drücken Abwehr aus, schaffen Distanz zum Partner, die nicht leicht zu überbrücken ist. Andererseits signalisieren die ausgestreckten Fingerspitzen Kontaktbereitschaft. Ein Kerl wie Feuer und Wasser, der für jeden Spaß zu haben und für Überraschungen gut ist.

Die Mumie

Eingewickelt wie ein Säugling, das Bettlaken noch über den Kopf gezogen – wer sich im Schlaf derart fesselt, ist in Furcht gefangen. Er versteckt sich vor der Welt, hat Angst vor Konfrontationen, kämpft nicht, stellt sich lieber tot. Bei Partys verdrückt er sich gern in den dunkelsten Winkel. Viel Unterstützung und Hilfe kann man von so einem Partner nicht erwarten. Schutz fordert er im Gegenteil ganz unbewußt von Ihnen. Es sei denn, ihm ist mal wirklich nur kalt!

Der König

Er ist es gewöhnt, daß sich alles um ihn dreht: ein Individualist, ein Showtyp, ein Lieblingskind. Weil er sich sowieso als Herrscher fühlt, schläft er am liebsten in der königlichen Rückenlage.

Ungeschützt und frei zeigt er Kehle und Herz. Wovor Angst haben? Der Tag und die Nacht bieten keinerlei Gefahren. Selbstsicher ist er, oft arrogant. Er lebt und liebt mit Genuß. Allerdings: Wenn er in dieser Lage den Kopf in beide Hände nimmt, heißt das klipp und klar: Ich liebe dich von ganzem Herzen und mit aller Kraft – aber bitte, bitte erst dann, wenn ich meine Arbeit getan habe!

Und das ist genau das Gegenteil zu dem Bild auf Seite 228: Eine breit geöffnete Beinstellung ist das unbewußt ausgesandte Signal für sexuelle Zugänglichkeit. Die offene, zugewandte Körperhaltung, die freigelegten Handgelenk-Innenseiten, der Griff ins Haar, das Lächeln mit geöffneten Lippen runden den auffordernden Eindruck ab.

8

VERFÜHRERISCHES ›NICHTS‹

Reizwäsche – blanker Luxus oder sanfte Verräter?

Wir kennen sie alle, die Göttinnen der alten Filmwelt: Greta Garbo, Rita Hayworth, sogar die verkicherten Blondchen in den US-Schinken der dreißiger Jahre – sie schritten stets mit wehenden Satinnegligés durch ihre Gemächer, berauschend schön, auf selbstsichere Art sexy.

Damit empfehle ich Ihnen jetzt keineswegs, daheim ausschließlich nur noch in wallenden Gewändern von Zimmer zu Zimmer zu schreiten, um Ihrem Partner die Sinne zu verwirren.

Das wäre sicherlich zuviel des Guten.

Ich meine vielmehr, daß Sie sich mal Gedanken machen sollten, ob das, was Sie ›darunter‹ tragen, auch wirklich von jener Beschaffenheit ist, die Sie für Ihren Partner sexuell weiterhin begehrenswert macht. Mit der Sie ihm signalisieren: »Heute möchte ich dich verführen«, oder: »Ich möchte verführt werden.«

Von Zeit zu Zeit tut man das alles aber nicht für den Partner. Manchmal gibt man seinem eigenen Impuls nach, weil man sich selbst so richtig gut fühlen möchte. Und was liegt da näher, als sich ganz besonders schön zu machen? Seide und Spitze auf der Haut zu fühlen? Und dieses herrliche Gefühl strahlen wir folglich auch aus – an einem solchen Tag wirken wir Frauen auf das andere Geschlecht besonders ›anziehend‹. Wir bewegen uns eben auch auf eine ganz natürliche Art selbstsicher und sehr sexy.

Es ist kein Geheimnis, daß schon lange vor Christi Geburt die Frauen ihre Geschlechtsmerkmale mit raffinierten Höschen und bunten Brustbändern betonten. Und sogar im prüden Viktorianischen Zeitalter, das die Frauen eigentlich zur Verhüllung zwang, steigerten sie das Spiel der Enthüllung für die Männer fast bis ins Unerträgliche – für die Herren der Schöpfung natürlich sehr positiv.

Heute ist es doch nicht anders. Eine raffiniert verhüllte Frau ist doch viel reizvoller als eine vollkommen nackte. Nacktheit stellt nichts Besonderes mehr dar. In jedem Schwimmbad, an jedem Badestrand können Frauen ihre Reize ungeniert und unverhüllt zeigen. Nur – manchmal sollten sie sich vorher sehr kritisch im Spiegel betrachten. Denn nicht immer ist das, was man plant, fremden Blikken preiszugeben, auch schön. Aber das ist eine Sache, die muß jeder mit sich selbst vereinbaren!

Wenn sich nun der Mann jedoch, mit dem die Frau immerhin ins Bett geht, die Enthüllung wieder interessanter vorstellt und sich an dem Streifen Haut zwischen Strumpf und spitzenbesetztem Strumpfgürtel oder Höschen entzücken will, werden ebendiese Frauen von einem totalen Keuschheitsanfall befallen und wehren ihn empört ab.

Und genau darin sehe ich einen unverständlichen Widerspruch!

Deshalb sollten Sie sich – wenigstens ab und zu – einen Ruck geben und sich sexy anziehen. Wenn Sie schon nicht daran interessiert sind, einen Mann damit zu stimulieren, dann tun Sie es bitte wenigstens für sich.

Sie wissen schon – Ihre ganze Ausstrahlung ändert sich dadurch zum Positiven!

Bitte keine Schlotterbüxen mehr, meine Herren!

Die meisten Männer lieben Dessous – bei den Frauen. Das wird schließlich immer wieder stürmisch gefordert!

Jedoch zu seiner eigenen Unterwäsche, seinem eigenen ›Darunter‹, hat der maskuline Teil der Gesellschaft im allgemeinen keine besonders ausgeprägte Beziehung.

Jahrzehntelang schlüpfte ein Mann in das, was seine Mutter oder die treusorgende Gattin zu diesem Zweck für ihn ausgesucht hatte.

Das heißt aber nicht, daß man die Frauen für die zum Teil verheerenden Kombinationen verantwortlich machen kann, die unter sonst gutsitzender männlicher Oberbekleidung ein schäbiges, kaum beachtetes Dasein fristen.

Das Angebot richtet sich halt nach der Nachfrage. Logisch!

Und einmal ehrlich – wer fragte denn bisher schon bei einem Herrenausstatter nach hübscher, ästhetischer oder vielleicht sogar erotisierender Unterwäsche für den Herrn?

Es war doch einfach nur peinlich!

Die Fachabteilungen in entsprechenden Geschäften waren jahrelang die Stiefkinder der Modebranche. Die spärlich bemusterten Schubladen wurden immer in die dunkelste Ecke verbannt.

So gab und gibt es ihn also immer noch – den verhängnisvollen Moment, den jede Frau fürchtet: die Sekunde, wenn der Mann, nachdem er Krawatte, Hemd und Bügelfaltenhose fallen gelassen hat, plötzlich in der Unterhose dasteht.

Kaum ein noch so schöner Märchenprinz hat jemals diese kritische Situation schadlos überstanden. Ein Blick auf jene unaussprechlichen Liebestöter aus weißgerippter Baumwolle, weit und bequem geschnitten, luftig um die Hüften schlotternd und an der strategisch wichtigen Stelle züchtig und körperfern gehalten, genügt meist, um im Bruchteil von Sekunden die erotische Spannung restlos zu vernichten.

Die sogenannte Manneskraft blieb unter diesen Stoffmengen in Beutelform lange hoffnungslos verborgen.

»Rühr mich nicht an!« So viel Abgeschlossenheit läßt keine Annäherung zu: Der Blick ist gesenkt, die Arme sind vor der Körpermitte verschränkt, die Knie geschlossen und die Unterschenkel sogar noch überkreuzt. ›Sie‹ wirkt wie in sich selbst verkrochen – wie ein eingerollter Igel.

Vor allem im Winter, wenn die Dinger gar aus feiner Wolle gestrickt waren, oft auch noch bis zu den Knöcheln reichten – da besann sich manche Frau auf die Weisheit, daß Liebe eben besser doch blind macht.

Dieses unerotische Brachland gehört nun der Vergangenheit an. Neue aufregende Zeiten sind angebrochen!

Neben Schmuck, diverser Kosmetik, leichter Dauerwelle haben die Männer jetzt auch die Unterwäsche für sich entdeckt! Und Frauen können dafür nur dankbar sein. Endlich kommen auch wir in den Genuß, beim Anblick der Dessous unserer Partner in freudige Erregung zu geraten.

Sicher, die modischen Anstrengungen auf diesem Gebiet sind, verglichen mit dem, was wir alles zu bieten haben, immer noch recht bescheiden. Aber dem vielversprechenden Aufbruch ins Gelobte Land möchten wir dennoch unsere Anerkennung nicht versagen, stimmt's?

Sein ›Darunter‹ verrät mehr, als ihm lieb ist

Trägt ein Mann die traditionelle Kombination, dann weiß eine Frau sofort, wie er sonst im Leben ist: phantasielos, konservativ, mißtrauisch allem Neuen gegenüber – ein Mitläufer.

Wenn er das gleiche Modell in der bunten Variante bevorzugt, zum Beispiel in Grellorange mit hellgrünem Gummizug oder Hellblau mit dunklen Ralleystreifen, ist ebenfalls Vorsicht geboten. Falschverstandene Modernität kann nur auf einen hoffnungslos ewig gestrigen Mann hindeuten.

Dann gibt es noch den Mann von Welt, der einen schlichten, weißen, gutsitzenden Slip aus dünnem Baumwollstoff auf straffer Haut trägt.

Diese unauffälligen, geschmackvollen Modelle passen zu einem selbstsicheren, modernen Typ, der das klassisch Elegante liebt. Der es nicht für unmännlich hält, sich zu pflegen und in Form zu halten. Eine ideale Lösung.

Ist der Herr etwas snobistisch oder darauf bedacht, in jeder Situation darauf hinzuweisen, daß sein Konto unbeschadet die Folgen jeder Wirtschaftskrise übersteht, trägt er die gleichen zeitlosen Modelle, allerdings mit dem Signet des Designers, das an geeigneter Stelle diskret eingenäht ist.

Nicht zu vergessen die Sexprotze, die ihre kostbare Anatomie in einem gefährlich knapp sitzenden Tangadreieck verstauen. Solche Männer verachten alles Überflüssige, schieben rücksichtslos alles beiseite, was sich ihrem Ziel in den Weg stellt, wenn sie nicht doch noch zusätzlich irgendwelche Hemmungen haben. Es handelt sich hier um Schmalspurerotiker. Also bitte Vorsicht!

Nach der ›Wende‹ und im Zuge der sie begleitenden nachgeahmten Wiedergeburt der Fünfziger-Jahre-Ideologie sind auch die Boxershorts zu neuen Ehren gekommen. Jahrzehntelang waren sie in lächerlichster Weise auf den Slapstick-Hintern von Stan Laurel und Oliver Hardy verspottet worden. Nun sind sie wieder da – mit Palmen- und Hawaiimustern, mit Mickymaus- oder schlichten Streifendekors verziert. Der letzte Modeschrei! Männer, die diese Hosen tragen, sind gemütlich, souverän und stehen zu dem, was sie tun und wie sie aussehen – auch zu ihrem Bauch!

Dieses Kapitel wäre natürlich unvollständig, würde ich Ihnen vorenthalten, was die britische Psychologin Jane Firebank erforscht hat. Sie fand heraus, wie ein Mann ist, was er signalisiert, wenn er sich – mehr oder weniger ›korrekt gekleidet‹ – ins Bett legt. Also aufgepaßt und hingeschaut:

Der Mann im Pyjama

Er ist ein guter Ehemann und Vater, liebevoll, warmherzig und zuverlässig – aber kein großer Romeo. Er ist häufig scheu, fühlt sich nicht gerade wie ein Adonis. Aber er tarnt das vor der Frau: »Ich hab's halt gerne warm.«

Der Mann in Unterhose

Er ist ein Egoist. Die Frau ist für ihn ein ›Lustobjekt‹. Ihn interessiert wenig, was sie über ihn denkt – oder er merkt es nicht. Wenn ihn die Abenteuerlust befällt, zieht er auch noch ein weißes Unterhemd an.

Der Mann ganz nackt

Er hat Selbstvertrauen in sich, seinen Körper und in die Gefühle seiner Partnerin. Intimität bedeutet ihm viel. Er ist impulsiv, aber auch ein wenig ungeduldig. Seine Einstellung: »Wenn du willst – ich will immer.«

Der Mann im Tangahöschen

Dieser ›Tarzan‹ hält sich für unwiderstehlich. Und er ist fest davon überzeugt, daß sie das auch von ihm denkt. Er signalisiert: »Ich will mit dir, und nichts kann mich davon abhalten.« Er ist immer gut für kleine Überraschungen.

Der Mann in langen Unterhosen

Häuslich, aber wenig romantisch. Hält sich nicht für sexuell attraktiv und denkt: »Du mußt mich so nehmen, wie ich bin.« Er ist ein Mann, dem ganz selten auch nur der Gedanke an einen Seitensprung in den Sinn kommt.

Sie sehen schon – alles wird registriert und ›erotisch‹ analysiert, und manchmal wird auch wirklich das Beste daraus gemacht.

Jetzt möchte ich Sie etwas fragen: Was denken Sie, wenn Sie einen Mann mit einer wilden, wallenden Haarmähne sehen? Wenn Sie ganz ehrlich sind, dann bringen Sie Haarwuchs und Manneskraft in Zusammenhang. Und das ist auch nichts Außergewöhnliches. Denn in der allgemeinen Vorstellung und nach jahrtausendealtem Glauben verbindet sich außergewöhnliche männliche Potenz mit üppiger Haarfülle.

Was zum Beispiel auch die Legende vom starken Samson verdeutlicht: Der biblische Held war in seiner Jugend mit kolossaler Kraft ausgestattet. Mit einem Eselsknochen als Waffe hatte er ganz allein mehr als tausend Philister erschlagen. Aber eines Nachts, während er schlief, da schnitt die gemeine Delila sein üppiges Haar ab, und beim Erwachen fand sich Samson schwächer und hilfloser als ein Kind.

Als sein Haar dann nach einiger Zeit wieder zur früheren Länge nachgewachsen war, hatte er seine Kraft ganz zurückerlangt, so daß er die Säulen des Tempels mit seinen Armen zum Einsturz brachte.

Ein wilder Haarschopf beim Mann signalisierte also zu allen Zeiten Kraft und Potenz! Da müßten sich doch die Männer mit spärlichem Haarwuchs oder gar einer Glatze verstecken... Dies entspricht jedoch nicht der Realität. Denn es gibt Frauen, die ganz anderer Ansicht sind, wenn sie eines kahlköpfigen Mannes ansichtig werden. Deshalb meine Frage: Sind Männer mit Glatze bessere Liebhaber?

Die Mähne, die lange weibliche Haarpracht, ist einer der wirkungsvollsten Blickfänge und Signalgeber. Eine Frau, die sich auffallend mit den Händen durch die Mähne fährt, demonstriert einladend dieses Attribut ihrer Schönheit. Hier stehen alle Signale auf ›offen‹: Lippen, Handgelenke, Arme, Beine!

9

HAIR

Sind Männer mit Glatze bessere Liebhaber?

Normalerweise verteidigt der Mann in jungen Jahren seine üppige Haarmähne gegen die Schere der Autorität.

Mit vierzig fühlt er eine neue Bedrohung aus dem eigenen Ich auf sich zukommen. Er fürchtet sich davor, seine Haare zu verlieren, er hat Angst vor der Glatze.

Und jeder Mann reagiert anders auf diese Erscheinung, die häufig genug unbewußt als Zeichen schwindender Männlichkeit empfunden wird.

Daß Kahlköpfigkeit starke Beunruhigung auslöst und tiefsitzende Ängste freimacht, erkennt man, wenn man beobachtet, wie sehr manche Vertreter des männlichen Geschlechts sich bemühen, diesen Mangel vor anderen zu vertuschen.

Haarsträhnen, die der allgemeinen Katastrophe bisher entgangen sind, werden so gut wie möglich genutzt, um gelichtete oder völlig kahle Stellen zu bedecken.

Sicherlich haben Sie es schon öfter bemerkt: Zu diesem Zweck werden die ›Resthaare‹ in die Gegenrichtung ihres natürlichen Wuchses gezwungen und in kühnen Schnörkeln angeklebt, was sehr oft die ganze Erscheinung eines Mannes eher lächerlich erscheinen läßt.

Die Vertreter dieser Spezies signalisieren, daß sie sich grundsätzlich ihrer Männlichkeit nicht besonders sicher sind.

Der gleiche Mangel an Sicherheit quält auch die Männer, die zu Haarimplantationen ihre letzte Zuflucht nehmen. Man erkennt sie an den grauen, runden Flecken, die ihre kahlen Schädel markieren.

Diese Männer sind zu beachtlichen Opfern an Zeit und Geld bereit, um das vermeintliche Idealbild ihrer Männlichkeit wiederherzustellen, die mit Sicherheit niemals sehr überzeugend war.

Es gibt aber auch Männer, die mit den ihnen verbliebenen Haaren in völlig anderer Weise verfahren. Sie sollen nicht etwa die völlig kahlen Stellen notdürftig verdecken, sondern werden selbst möglichst vorteilhaft zur Schau gestellt. Halblang und wunderbar gepflegt, glänzt das gerettete Resthaar, sorgfältig gelockt, auf dem Nacken von Ästheten, Künstlern und Intellektuellen reifen Alters.

Solche Männer ergeben sich in das Schwinden ihrer Männlichkeit – allerdings nicht, ohne zu dokumentieren, zu welcher Erfahrung und zu welchem Raffinement sie es auf diesem Gebiet gebracht haben. »In der Liebe kann die Qualität höchst vorteilhaft Quantität ersetzen«, versuchen die sorgfältig gepflegten Köpfe zu signalisieren.

Interessant sind die Lösungen der Kahlköpfigen, die sich – nicht gerade überglücklich ob ihrer Kahlheit – einen wuchernden Haarschmuck im Gesicht leisten. Schnurrbärte, Vollbärte, Backenbärte, Kinnbärte nehmen phantastische Formen und eindrucksvolle Ausmaße an.

Diese Zierden sollen ausdrücklich vom kahlen Kopf ablenken und das vermeintliche Eingeständnis der Impotenz widerrufen! Der Bart ist ein Zeichen von Potenz, phallischer Kraft; manche Männer verhalten sich bewußt wie Sklaven der Gleichung ›Behaarung ist gleich Männlichkeit‹ und vertreten mit wuchernden Bärten häufig die Überzeugung, daß ihr Haarschmuck eine unwiderstehliche Anziehungskraft auf Frauen ausübe.

In Gegenwart einer Frau, die ihr Begehren weckt, führen sie oft die Hand zum Gesicht, um ihren Bart zu streicheln und diese Zierde richtig zur Geltung zu bringen.

Und was bitte will der Mann uns ganz genau sagen, wenn er seinen Bart streichelt? Die Nase ist das Symbol des Glieds, und das Streicheln des Schnurrbartes soll die Aufmerksamkeit darauf lenken, daß vor uns ein geschlechtsreifer Mann sitzt.

Der Mund aber ist das Symbol des Weibes, und das Streicheln des Barts bedeutet deshalb auch, daß der Mann beim Weibchen spielen möchte!

Natürlich gibt es viele Menschen, die den Verlust ihrer Haare philosophisch hinnehmen. Es ist eine weitverbreitete Ansicht, daß die gelichtete hohe Stirn auf intellektuelle Qualitäten hinweist, während die natürliche Tonsur auf dem Oberkopf Begriffe wie ›Strenge‹ und ›mönchisches Wesen‹ anklingen läßt.

Stimmt das? Beweise gibt es dafür keine! Aber die Männer, die sich über eine kahle Stelle oder ihre Tonsur nicht aufregen, demonstrieren zumindest, daß sie den abgegriffenen Symbolismus, wie ihn die Samson-Legende verdeutlicht, nicht ernst nehmen.

Andere Männer, die sich über kurz oder lang durch die ›Glatze‹ bedroht sehen, entscheiden sich für eine Radikallösung: Ehe sie sich passiv einem langsamen Verfall aussetzen, ehe sie sich sinnlosen und demütigenden Rückzugsgefechten mit dieser Plage ausliefern, kommen sie dem Verhängnis zuvor. Sie lassen sich völlig kahl rasieren und tragen stolz einen nackten Schädel und ein haarloses Gesicht zur Schau.

Das glattrasierte Gesicht soll die Kindlichkeit betonen, die Harmlosigkeit zu der Zeit, da dem Kind noch keine Schamhaare gewachsen sind.

Zugleich soll es aber auch Kraft bedeuten, da der Mensch als emporgerichtetes Wesen phallusgleich ist und der Kopf die haarlose Eichel während der Erektion versinnbildlicht.

Tatsächlich vermittelt die Körpersprache der kahlköpfigen, glattrasierten Männer häufig den Eindruck ruhiger Kraft und überzeugender Männlichkeit: offener, fester Blick, hoch getragener Kopf, gestreckte, stolze Figur, zielbewußte Gesten, rascher, lockerer Gang.

Und wenn ich es mir nun ganz richtig überlege, dann war der Filmschauspieler Yul Brynner der Prototyp dieser wirklich stolzen Kahlköpfe.

Fazit: Männer mit Glatzen sind eben doch erotisch!

Eines ist sicher: Nicht nur der Mann signalisiert mit seiner Haarpracht Potenz und Männlichkeit.

Auch unsere maskulinen Zeitgenossen machen sich so ihre Gedanken, wenn sie eine Frau näher betrachten und überlegen messerscharf: Sind Haare ein Zeichen von Rasse und Klasse?

Sind Haare ein Zeichen von Rasse und Klasse?

Damit meine ich jetzt nicht unseren Haarschopf, den wir nach Lust und Laune färben, schneiden, wickeln oder wallen lassen. Ich denke an die Körperhaare, die manche Männer zu wilden Vermutungen hinreißen.

Ich erinnere mich noch sehr gut an ein Gespräch von zwei Männern im gesetzten Alter, mit angegrauten Schläfen. Die beiden betrachteten völlig fasziniert eine Frau mit stark behaarten Beinen – unter hauchdünnen Strümpfen. »Die hat's drauf«, sagte der eine, »das ist eine Superfrau.« Und dann hat er noch einen draufgesetzt: »Ich hatte mal eine Freundin, die hatte Haare, du weißt schon wo, die gingen fast bis zum Nabel. Das war ein echtes Rasseweib. Die konnte nicht genug kriegen.«

So ist das also, habe ich mir damals gedacht. Je mehr Haare, desto mehr Rasse!

Es gibt aber auch Männer – und die befinden sich mit Sicherheit in der Überzahl –, die schlichtweg entsetzt sind, wenn sie eine gepflegte Frau sehen, die sich offen zu sinnlichem Wildwuchs bekennt und zum Beispiel ihre Achselhaare nicht entfernt.

Oder ist *entsetzt* das falsche Wort? Ist *erstarrt* das richtigere? Denn das hätte ein Mann von einer so eleganten, gepflegten Frau niemals gedacht! Es ist so, als hätte er etwas höchst Intimes, Verbotenes erblickt. Und wissen Sie, was ein solcher Mann normalerweise in einem solchen Moment denkt: Wen wird sie sich heute nacht in ihr Bett holen? Diese Frau traut sich was. Was ist ihr sonst noch zuzutrauen?

Also doch Rasse – die Frau mit Haut und Haaren? Um jetzt einmal ganz ehrlich zu sein, die Schöne mit den schamlosen Achselhöhlen mag es ja irgendwo geben. Ich habe sie jedenfalls noch nicht entdeckt. Denn so weit lassen es die Frauen, die ich kenne, gar nicht erst kommen. Da wird überall gerupft, gezupft, gestutzt. Nicht nur unter den Armen, sondern auch an den Beinen, auf der Oberlippe, über den Augen und spätestens, wenn der Sommer in Gestalt von hochgeschnittenen Badeanzügen naht, auch auf und rund um den Venushügel. Allein die Wimpern entkommen dem allgemeinen Enthaarungskult. Für die Augenlider gilt noch, was für den Rest des Körpers längst verpönt ist: je länger, desto besser.

Was treibt die Frauen nur dazu, sich mehr oder weniger radikal zu enthaaren? Und dies – einmal abgesehen von modischen Schwankungen – vermutlich schon seit Urzeiten. Spätestens jedenfalls, seit Kleopatra, die Schöne vom Nil, ihre prominenten Liebhaber mit völlig haarlosem Haupt und Leib, ja wimpernlosen Blicken betörte.

Um Antworten sind die enthaarten Frauen nicht verlegen! Sie tun es für den Mann, um ihn zu reizen! Um ihn zu verführen!

Denn was könnte ihn mehr locken als die Aussicht, einen seidigglatten Frauenkörper zu streicheln? Und sie tun es natürlich auch sich selbst zuliebe, aus purer Lust an der Schönheit nackter Haut!

Verschlungene Beine können zwar ebenso ein Signal der Ablehnung sein, aber wenn – wie hier – die Gesamtgestik der Körpersprache deutlich einladend ist (Spiel mit der Kette am Dekolleté, offenes Handgelenk, demonstratives Durchs-Haar-Fahren, Lächeln mit geöffneten Lippen, offene Körperhaltung), dann ist das eher ein animierendes Bein-und-Knie-Zeigen.

Denn was gibt es Vollkommeneres als ein Frauenbein in hauchdünnen Seidenstrümpfen, auf dem kein Härchen die schimmernde Transparenz stört?

Was sticht betörender ins Auge als ein knappes Bikinihöschen, aus dem sich seitwärts auch nicht das feinste Löckchen kringelt?

Und dann – kann man sich eine Primaballerina vorstellen, im weißen Federkleid, die als sterbender Schwan die ›Flügel‹ hebt und dabei schwarzes Gelock enthüllt?

Dabei braucht die rasierte Frau nicht einmal den Vorwurf zu befürchten, sie bürste der Natur gegen den Strich. Sie unterstützt und bekräftigt nur, was diese vorgesehen hat: nämlich, daß der weibliche Leib nicht nur runder und weicher, sondern auch zarter behaart ist als der des Mannes. Daß Frauen ganz unschuldig dieser Hoffart frönen, wenn sie unschöne Härchen auf Waden, Oberlippe und – gäbe es sie – auf den Zähnen entfernen, daran besteht kein Zweifel. Ganz anders jedoch, wenn es um die Haare geht, die unter den Achseln oder auf dem magischen Dreieck zwischen den Schenkeln sprießen.

Nur ganz verklemmte Moralapostel werden ja wohl behaupten, diese Haarbüschel seien nichts als zufällige Überbleibsel auf dem Weg des Menschen vom zotteligen Vierfüßler zum hochzivilisierten Kulturwesen. Viel zu zäh halten sich seit Jahrtausenden diese kleinen Fellinseln, allen Epilationskuren, Textilien und Zentralheizungen zum Trotz!

Nein, Gott selbst – und nicht etwa der Teufel – hat das Haar für genau diese Stellen vorgesehen, als Signale! Als deutliche erotische Zeichen! Dafür spricht schon allein die Tatsache, daß diese putzigen Fellchen erst in der Pubertät wachsen. Und daß sie sexuelle Lockstoffe verströmen. Die schwül-sinnliche Duftnote, die uns unverwechselbar, einmalig und sexuell attraktiv für die Nase des erotischen Gefährten macht: aphrodisische Moleküle, die wir allerdings manchmal mit Spray ebenso radikal bekämpfen wie ihre haarigen Träger mit der Rasierklinge.

Ich glaube, wer sich hier zurück- oder ganz kahl schneidet, trifft nicht nur eine ästhetische, sondern auch eine erotische Entscheidung. Plädiert für gezähmte Liebespiele und nicht für animalischen Sex, ist gegen jene Form schamloser weiblicher Geilheit, die Hexen auf den Blocksberg trieb, wo es bekanntlich mit dem Teufel zuging. Denn starke weibliche Behaarung unter den Achseln und an der Scham steht für ungezügelte Sinnlichkeit. Wirkt lasziv, mit einem herausfordernden, aufreizenden Touch von Schlampigkeit.

Und ich weiß deshalb auch: Nur Männer, die Angst haben vor dieser ungezähmten weiblichen Power, die das Weib lieber unter sich als auf sich spüren, schwärmen von der glatten, rundum enthaarten Frau – möglichst auch noch mit ›entlaubtem‹ Venushügel.

Männer dagegen, die sich wenigstens hin und wieder bereitwillig in jene ekstatischen Gefühle wagen, wo sie nicht mehr Herr der Lage bleiben, wollen ihrer Geliebten kein Haar krümmen – weder oben noch unten.

Warum also nicht einmal warten mit der nächsten Rasur oder Warmwachsenthaarung? Warum sie nicht wieder einmal mit unvoreingenommenen Augen betrachten – die kleinen Lustgärten des Körpers?

Zum Beispiel die Behaarung unter den Achseln. Nicht umsonst ist sie den Blicken zuerst einmal verborgen. Wird der Arm jedoch hochgehoben und das Büschel somit entblößt, durchfährt den Betrachter ein teils süßer, teils erschrockener Schauer: Dunkel und unbewußt erinnern ihn diese behaarten Höhlen an jenen anderen magischen Ort des Körpers, der sich so herausfordernd in feine Härchen hüllt. Das Mittelalter, um teuflische Einfälle niemals verlegen, kannte einen Grund für diesen seltsamen Achsel-Schauer: Die weibliche Armhöhle galt als Sitz dämonischer Kräfte und potentielle Brutstätte kleiner Teufel.

Schaffte es eine Frau, dem Geliebten einige ihrer Achselhärchen einzuverleiben, war es angeblich um ihn geschehen: Er liebte sie fortan bis zur Raserei.

Muß man sich als moderne Frau nicht einmal fragen, ob einer der Gründe für die allseits zunehmende und lauthals beklagte sexuelle Lustlosigkeit nicht auch in unseren blanken Achselhöhlen zu suchen ist?

Noch mehr dieser wundersamen Dämonie sitzt allerdings im unteren Haarbereich, an der haarigen Pforte zur himmlischen Hölle. Das Schamhaar betont ganz schamlos die intimsten Körperteile, lenkt die Blicke magisch zum Zentrum des Geschehens. Und das Raffinierte an diesem gottgewollten Locksignal: Die Venuslöckchen fordern zwar auf zum Hinsehen, verhüllen aber das eigentliche. Denn am besten funktioniert nun mal das alte Spiel zwischen Mann und Frau, wenn der Liebhaber erst suchen muß, was er finden soll. Kein Wunder also, daß gewisse männliche Erotik-Connaisseure schon immer aus ihren Phantasien und Sehnsüchten so etwas wie ›Schamhaarfetischismus‹ destillierten.

Das Haar des weiblichen Schoßes wurde vielen zum Liebesobjekt und zur Trophäe. Und manchmal sogar zum Ersatz für den hautnahen Kontakt mit dem pulsierenden Kraftort einer realen Frau:

Wann hat er sie wohl unter seiner Krone getragen, der englische König Charles II. (1660 bis 1685) – seine Perükke, ganz aus dem Schamhaar zahlloser Kurtisanen gefertigt?

Und wieviel haben sie wohl an Bestechungsgeldern gezahlt – jene Fetischisten, über die der deutsche Psychiater Richard von Krafft-Ebing im letzten Jahrhundert berichtete? Männer, in deren Auftrag die Angestellten großer Hotels jeden Tag die Betten nach den feinen Flusen durchforsten mußten. Kein Wunder aber auch, daß die Männer oft nicht ungeschoren lassen wollten, was sie offensichtlich um den Verstand und manchmal auch ums Geld bringen konnte.

Kollegen jenes Herrn Freiherrn von Krafft-Ebing waren es, die ein paar Jahrhunderte zuvor zum Schutz ängstlicher Lüstlinge die Entfernung des gefährlichen Schamschopfes verordneten. Vermeintlich hysterische Frauen wurden zwangsrasiert – Frauen also, in denen man noch einen Rest der alten Hexenkraft und Sinnlichkeit wahrzunehmen glaubte und die flugs als Gemütskrankheit deklariert wurde. Spätestens hier müßte eigentlich auch der arglosesten Enthaarungsfetischistin allmählich dämmern, daß sie ihrem Körperflaum vielleicht doch nicht so freiwillig wie gedacht an die Wurzeln rückt. Vielleicht tut sie es unbewußt, um den Mann zu beruhigen: »Schau, so gefährlich bin ich gar nicht.«

Und wo sie es nicht tut, wird es mancherorts für sie bewerkstelligt. Viele Völker, die mehr noch als wir auf die Dominanz über die Frau ausgerichtet sind, haben zum Teil auch heute noch gültige Brautregeln entwickelt. Dort war und ist es Sitte, die Braut vor der Hochzeit am ganzen Körper zu enthaaren, eine Aufgabe, die von den dorfältesten Frauen oder der Brautmutter besorgt wird.

Vermutlich würde die türkische Hochzeiterin, dazu befragt, unschuldig antworten, es sei eben schöner und appetitlicher.

Aber ist das nicht so etwas wie Verrat? Verrat an der Kraft der Frau? Eine frisch enthaarte Scham macht auch die vollerblühte Frau zum verletzlichen, unbedrohlichen Kind.

Wir Frauen von heute stehen wohl irgendwo in der Mitte: zwischen stilisiertem und wildem Sex. Zwischen den behaarten Urfrauen, die ihre Lust wuchern lassen, und den enthaarten, ungefährlichen Gespielinnen des Mannes. Wir rasieren unsere Achseln, aber wir lassen uns nicht zwangsweise unsere Schamhaare nehmen. Mit Erfolg haben wir uns gegen die unnötige und auch entwürdigende Totalrasur im Entbindungszimmer gewehrt. Und allenfalls Frauen, die zu sehr lieben, würden einem tyrannischen Geliebten noch gestatten, was der römische Sado-Kaiser Domitian so gern seinen Kurtisanen antat: Ganze Tage verbrachte er angeblich damit, ihnen die Schamhaare auszureißen – für ihn der Gipfel viriler Lust.

Wenn wir unser Schamhaar überhaupt trimmen, dann nur, um es in eine hübschere Form zu bringen. So wie es Mary Quant, die britische Modeschöpferin und Erfinderin des Minirocks, bereits in den wilden ›Sechzigern‹ vorausgesehen hatte. Ausdrücklich hatte die oben eckig, unten – angeblich – herzförmig frisierte Frau verlangt, daß sich die Haute Coiffure auch endlich der Schamhaare annehmen möge!

Auch in Sachen Augenbrauen ist seit einigen Jahren wieder mehr Unbekümmertheit an der Tagesordnung. Ein bißchen trotziger Wildwuchs über kühnen Frauenaugen gefällt uns. Die abrasierten und hauchdünn nachgestrichelten Brauen der Marlene Dietrich und anderer Göttinnen ihrer Zeit dagegen finden wir allenfalls noch aus nostalgischen Gründen schön.

Mag sogar sein, daß in naher Zukunft mutige Frauen nicht nur mehr Braue, sondern auch mehr Achselhaar zeigen. Und vielleicht werden dann ja auch die haarempfindlichsten Männer entdecken, daß sich so ein liebevoll gepflegter Achselflaum in Wahrheit weicher und sinnlicher anfühlt als rasierte Gänsehaut.

Eigentlich ist an dem ganzen Thema nur eines wirklich hinderlich: nämlich, daß Körperhaare ihre Zeit brauchen, bis sie nachgewachsen sind. Denn sonst könnten wir ja beides in schnellem Wechsel leben: einmal die wilde Hexe, die mit ungebärdigem Haarwuchs auf dem Mann zum Gipfel der Lust reitet oder sich von ihrem Geliebten – wie Lady Chatterley von ihrem Wildhüter – Veilchen ins Vlies flechten läßt. Und schon am nächsten Tag wären wir engelsgleiche, unschuldige Mädchen, mit einer Haut wie Porzellan, mit pinkfarbenen Achselhöhlen und einer provozierend nackten Scham. Dornröschen ganz ohne Hecke, auf den Kuß des mutigen Prinzen wartend.

Eine schöne Vorstellung!

Der Phantasie und den spielerischen Möglichkeiten wären keine Grenzen gesetzt! So aber müssen wir uns wenigstens wochenweise auf eine der beiden Rollen festlegen. Denn die Ersatzstücke, mit denen sich die frechen, rasierten Dirnen früherer Zeiten behalfen – üppige, vielfarbige Schamhaarperücken mit oder ohne Perlen-, Blumen- und Federschmuck –, die gibt es ja nirgendwo mehr zu kaufen.

›Sie‹ lädt zur Kontaktaufnahme ein: Denn sie präsentiert deutlich die Innenseiten der Handgelenke –

eine sehr sensible Streichelzone. Sie greift sich ins offene Haar (»Schau her, wie schön ich bin!«); der Blick ist fest auf das Gegenüber gerichtet, die Lippen öffnen sich leicht ... Da ist die leichte Beckenschrägstellung nur noch ein zusätzlicher Wink.

10

QUELLEN DER LUST

Ein uralter Wunschtraum: immerwährende Liebeslust

Wer mit seinem ganzen Körper sprechen möchte, wer erotische Signale aussendet, die dann auch auf fruchtbaren Boden fallen, der will natürlich auch, daß er dann im richtigen Moment ›einsatzbereit‹ ist. Und deshalb ist der Mensch ständig auf der Ausschau nach Mitteln, um die Liebeslust zu steigern.

Die Spur dieser unermüdlichen Suche nach Aphrodisiaka verliert sich im Nebel der Urzeit. Die Babylonier benutzten schon vor sechstausend Jahren Drogen, um ihre sexuellen Heldentaten zu mehren. Die Ägypter erkannten die wohltuende Wirkung erotischer Stimulanzien, und das Alte Testament erwähnt Naturmittel wie die Alraunenwurzel. Die Römer labten sich mit Aphrodisiaka, wie dem Satyrion, und bereiteten auch ein Getränk aus dem Hippomanes, einer schaumigen Substanz, die sich auf dem Kopf eines neugeborenen Fohlens bildet. Dieser Trunk und die Zauberwurzel Alraune waren in Europa jahrhundertelang beliebt und jedem Alchimisten, jeder Kräuterfrau und jedem Arzt wohlvertraut.

Und doch horchen wir heute beim Erwähnen dieser Namen nicht mehr auf. Eine Orchidee? Nichts anderes als eine kostbare Blume, die man einer schönen Angebeteten schickt. Wozu Liebeselixiere aus den getrockneten und zerstoßenen Wurzelknollen bereiten, wenn die Blüte allein die gewünschte Wirkung bei der Herzensdame hervorruft?

Alraune? Die narkotische Eigenschaft dieser Wurzel ist uns zwar bekannt, doch würden sich die meisten Menschen wegen zunehmender Warnung vor Rausch- und Betäubungsmitteln hüten, sie als Aphrodisiakum einzunehmen.

Und allein der Gedanke, aus einer schleimigen Ausschwitzung auf dem Kopf eines neugeborenen Fohlens ein erotisierendes Getränk zu bereiten? Nein danke, würden wir alle sagen!

Doch alle, die ein derartiges Vorgehen verächtlich als archaisch und barbarisch abweisen, plaudern womöglich heiter über die Spanische Fliege: ein Pharmakon, das aus den zerstoßenen und pulverisierten Flügeln einer Ölkäferart hergestellt wird. Ich glaube fast, daß ihnen diese Zubereitung nur deswegen weniger abstoßend erscheint, weil sie deren Ingredienzien nicht kennen. Oder könnte der Grund dafür in der ungebührenden Aufmerksamkeit liegen, die man bisher dieser gefährlichen Droge geschenkt hat?

Aphrodisiaka wurden in früheren Zeiten genauso wie heute, wenn nicht noch mehr, benutzt. Die Menschen lebten damals noch erdverbunden und begegneten jedem Naturgeheimnis mit ehrfürchtigem Interesse. Doch kein Mysterium faszinierte sie mehr als die Entstehung des Lebens. Alles, was damit zusammenhing, war ihnen heilig, und so ist es zu verstehen, daß in vielen Kulturen die Mittel, durch die man Leben schöpfte, sakralen Charakter hatten.

Phalluskulte kann man im alten Griechenland und im Römischen Reich, in Vorderasien, Persien, Ägypten, Afrika und Mexiko nachweisen. Sie erstreckten sich sogar bis Westeuropa, denn auch im alten Gallien wurde das Symbol hochgeschätzt.

Sie sehen schon, um die Liebe und die Liebeslust hat sich die Welt schon immer gedreht. Und warum sollte das ausgerechnet heute anders sein?

Das Interesse für Aphrodisiaka und Potenzmittel ist noch genauso stark wie in den alten Kulturen. Die Geschichte, die Mythen und schillernden Legenden offenbaren uns, daß diese Mittel niemals ihre Beliebtheit eingebüßt haben.

Gewisse Lebensmittel stehen in dem Ruf, potenzsteigernde Qualitäten zu beinhalten. So soll Fisch sowohl auf die Hirntätigkeit als auch auf die Potenz stimulierend wirken – wegen des hohen Phosphorgehalts sowie dem Vorkommen anderer wichtiger Substanzen, die man ohne weiteres als Langzeitstimulanzien der Geschlechtszonen bezeichnen kann. Dann stimmt's vielleicht, daß Männer, die zur See fahren, ihre Potenz länger behalten – weil sie mehr Fisch als Fleisch essen!

Man hat selbst trinkbares Gold als Aphrodisiakum benutzt. Obwohl jedes Getränk, das mehr als zehn Milligramm des flüssigen Edelmetalls enthält, gefährlich ist.

Früher hat man sich nicht nur durch die Einnahme verschiedener Substanzen eine Erhöhung der Sinnlichkeit verschafft. Um den Blutkreislauf anzuregen, bediente man sich damals auch der Flagellation – man schlug und klopfte auf die dem Genitalbereich naheliegenden Körperstellen.

Die Vergrößerung des männlichen Glieds durch Nesselhiebe scheint eine weitere Form der Selbstzüchtigung zu sein. In altindischen Schriften gab man den Männern den Ratschlag, das Lingam (Penis) mit den Borsten eines bestimmten Insekts zu reiben, an den zehn folgenden Abenden Öl aufzutragen und ihn danach nochmals mit den Borsten zu behandeln. Es wurde versprochen, daß die dadurch entstehende Schwellung niemals nachließe.

Das klingt alles sehr exotisch, finden Sie nicht? Und ich kann mir auch beim besten Willen nicht vorstellen, daß sich ein einziger Mensch nach alten Rezepten noch mehr Lust zu verschaffen versucht.

Uns stehen heute andere Möglichkeiten zur Verfügung, Möglichkeiten, die nicht gefährlich sind.

Die Richtung der Körperhaltung, also Zu- oder Abwendung aus der Sicht des Gegenübers oder Gesprächspartners, ist sehr aussagefähig. Hier wendet ›sie‹ sich dem Visavis voll zu, sie zeigt ihm noch das offene Handgelenk, eine sensible Streichelzone, öffnet die Lippen und lächelt ihn an. Sie funkt: »Empfangsbereit!«

Aphrodisiaka, die die Sinne schärfen

Also einmal angenommen, Liebe wäre ein sanfter Reigen für zweimal fünf Sinne, dann könnten Aphrodisiaka die Musik sein, die als Tango für einen Abend den Rhythmus bestimmt. Liebesmittel zaubern keine sexuellen Höchstleistungen herbei, sondern verstärken nur das, was zwischen zwei Menschen sowieso schon flimmert.

Ihren Namen führen diese sinnenschärfenden Dinge auf die griechische Liebesgöttin Aphrodite zurück. Und alle Zutaten, die sie in den olympischen Gärten fand, die können wir heute ohne weiteres kaufen.

Denken wir nur mal an Austern. Schon Casanova schwärmte von ihrer Wirkung. Er bevorzugte sie entbartet, umlegt mit einem Ring aus Kaviar und mit marinierten Tomatenscheibchen dekoriert.

Die Gräfin Dubarry bot ihrem königlichen Liebhaber Austern abgestreift in eigenem Saft und in ausgehöhlten Kartoffeln an, das Ganze mit Rahmsoße bedeckt, mit geriebenem Parmesan bestreut und im Ofen überbacken.

Es dürfen aber auch ausgelöste Austern in Verbindung mit einem großen Krabbenschwanz und geräuchertem Lachs sein – mit einer zarten Chilipfeffersoße. Auch Hummer tut es.

Feigen, Datteln und Nüsse waren schon bei den alten Römern ein probates Rezept für müde Helden. Im ältesten Kochbuch der Welt, das von Marcus Gavius Apicius stammt, wird Fisch und alles andere Meeresgetier als Anregungsmenü gepriesen. Auch Anis, Safran, Lorbeerblätter, Kapern und Knoblauch galten bei ihm als Wundermittel. Im Griechenland der antiken Helden rieten die Ärzte den orgienmüden Kriegern zu Seegetier, vor allem zu Fischrogen und zu herzhaften Gewürzen wie Kardamom, Ingwer, Zimt und Zwiebeln.

Auch das Buch der Bücher ist nicht frei von Rezepten für bestimmte Lebenslagen. Sieht man von Evas Apfel ab, dann war Rahel die erste, die zu Liebesäpfeln griff, um ihren Mann Jakob, den sie mit ihrer Schwester teilte, bei Laune zu halten.

Doch was wäre die erotische Küche ohne all die französischen Varianten, die schon durch ihren Namen verlocken:

Die Marquise de Maintenon, Mätresse und spätere Gemahlin Ludwigs XVI., hat der Nachwelt das Kalbskotelett ›à la Maintenon‹ hinterlassen, das mit so stärkenden Ingredienzien wie Anchovis, Basilikum, Nelken und Weinbrand zubereitet war. Katharina von Medici, die Mutter Heinrichs III., brachte italienische Lebenslust an den französischen Hof und vertraute vor allem der Artischocke.

Ihr Landsmann Casanova, der schon die Austern über alles schätzte, griff häufig zu Morcheln, um seinem Ruf gerecht zu werden.

Die Marquise de Pompadour dagegen stärkte sich mit heißer Schokolade, die mit viel Ambra und Vanille gewürzt war. Madame Dubarry, wie die Pompadour von einfacher Herkunft, vertraute immer wieder auf ein speziell zubereitetes Ingwersoufflé. Sie war wie viele ihrer Zeitgenossen empfänglich für die Zauberkraft, die in den teuren, duftenden und exotischen Spezereien steckte.

Und dann schwören die Anhänger der ›Liebesküche‹ auf Innereien – auf Hirn, Nieren und Hoden. Ich glaube aber, allzu große Wunder darf sich ein Mann beim Verzehr von Stierhoden nicht erwarten. Auch Casanova hat sie gegessen – aber nirgends steht nachzulesen, daß anschließend etwas Großartiges passierte!

Sie müssen nun nicht befürchten, daß ich Sie mit endlosen Rezepten langweilen möchte. Ich wollte nur zum Ausdruck bringen, daß leichtes Essen, raffiniert zubereitet,

Lust macht. Was ja auch auf der Hand liegt: Wenn Sie sich eine riesige Schlachtplatte oder Knödel, Haxe und Kraut einverleiben und dazu noch ein paar Flaschen Bier, dann haben Erotik und Sinnlichkeit Sendepause. Da können Sie vorher noch soviel gelächelt und gezwinkert und geturtelt haben – nach einem deftigen Essen und den entsprechenden Getränken sind Sie rechtschaffen müde. Und das wollen Sie ja nicht immer sein. Hoffe ich wenigstens!

Ein paar kleine Tips habe ich aber trotzdem noch, wie Sie Ihre Liebeslust steigern können.

Wie wäre es mit einem Bad, das müde Männer munter macht?

Nehmen Sie zwei Handvoll Rosmarin, eine Handvoll Pfefferminze, eine Handvoll Geranie und eventuell zusätzlich fünf Tropfen Rosmarinöl. Einen Sud aus diesen Kräutern ins Badewasser geben, und hinein mit dem müden Mann. Nach einer Viertelstunde wird seine Haut angenehm prickeln.

Oder was halten Sie von einem Kräuterkissen, unter dessen Düften man die ganze Nacht durchlieben kann?

Fünfzig Gramm getrocknete Rosenblätter, dreißig Gramm Pfefferminzblätter, ein paar zerstoßene Gewürznelken, zwanzig Gramm Rosmarin, zwei Tropfen Patschuli, zwei Tropfen Moschus auf einem Wattebausch. Alles zusammen wird in ein kleines Kissen gefüllt. Das vertreibt jede Art von Melancholie, die sich beim Lieben manchmal einstellt. Der Kissenduft hält sich fast ein Jahr. Danach muß allerdings die Kräuterfüllung gegen eine neue ausgetauscht werden. Oder vielleicht sogar der Liebhaber? Aber das ist wirklich Ihre eigene Sache.

Zu guter Letzt habe ich noch einen Liebestrank für Sie:

Milch wird in einem Mixer mit ein paar Cashewkernen, Mandeln und Pistazien- oder Pinienkernen schaumig geschlagen und dann erwärmt. Das Mischgetränk heizt von innen an. Es entspannt und beruhigt die Nerven. Sie werden etwas schläfrig, träge und gleichzeitig triebhaft-sinnlich!

Bleibt mir nur noch, Ihnen viel Spaß zu wünschen bei dem, was nach all den leiblichen Genüssen passiert!

Apropos leibliche Genüsse: Als Frau können Sie eine Menge über Ihr männliches Visavis erfahren, wenn Sie ihm beim Essen aufmerksam zuschauen. Wer alles in sich hineinfrißt, der ist auch in der Liebe nicht sehr zartfühlend; wer mäklerisch und freudlos vor sich hinkaut, der hat kein Verhältnis zur Lust.

Unser Körper spricht also in jeder Lebenslage und in jeder Situation eine deutliche Sprache. Und wenn wir uns so angesprochen fühlen, Signale aufzunehmen, dann reagieren wir.

Und wie!

Oder ist Ihnen noch niemals aufgefallen, daß Sie in bestimmten Situationen plötzlich eine Gänsehaut hatten, obwohl es draußen brüllendheiß war? Oder daß sich die kleinen Körperhärchen aufstellten, weil Sie gerade ein intensiver Blick oder eine angenehme Stimme ›getroffen‹ hatte? Gegen diese Regungen anzukämpfen, wäre absolut sinnlos. Sie lassen sich nicht unterdrücken, denn was Ihnen als angenehm oder unangenehm erscheint, ist die direkte Reaktion der Haut! Sie fühlt sich dann gestreichelt, geschmeichelt und zugegebenermaßen manchmal auch abgestoßen. Denn die Haut ist unsere größte erogene Zone – die uns immer wieder verrät!

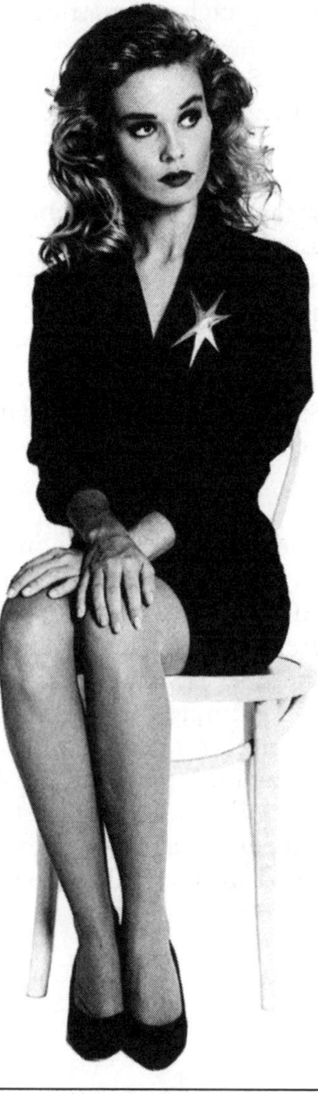

Die ›brave‹, ›ordentliche‹, ›wohlerzogene‹ Sitzhaltung einer jungen Frau könnte ganz neutral interpretiert werden. Beine schön parallel, Knie geschlossen! Der Gesichtsausdruck scheint zu passen: etwas unsichere, artige, aufmerksame Zurückhaltung. Aber für die Körpersprache der Erotik zählt ein weiteres Signal: Die auf den Knien überkreuzten Hände verschließen den Intimbereich.
Wäre dies ein Bewerbungsgespräch, hieße es: »Ich bin ein anständiges Mädchen und bemüht, alle beruflichen Erwartungen zu erfüllen. Aber für private Annäherungsversuche bin ich absolut unzugänglich!«

11
HAUTNAH

Die Haut, eine perfekte Hülle

Die gängigen Sprachwendungen verraten es schon: Dies geht uns unter die Haut; der möchte aus der Haut fahren oder in die Haut des anderen schlüpfen; hautnah empfinden wir etwas; den können wir nicht riechen; da haben wir Berührungsängste. Wir sprechen von dünnhäutigen und dickfelligen Zeitgenossen, bürsten etwas gegen den Strich, wechseln die Farbe, brauchen Streicheleinheiten und fühlen uns wohl in unserer Haut oder auch nicht. All diese Formulierungen entsprechen dem nonverbalen Informationssystem: der Sprache der Berührungen und Gesten. Jeder versteht sie. Teils ist sie international, ja sogar artübergreifend, teils ist sie bestimmten Regeln einzelner Kulturkreise unterworfen.

Keinem anderen Körperteil schenken Menschen mehr Aufmerksamkeit und Zuwendung als der Haut – und keiner wird so stark strapaziert. Die Haut ist das einzige lebenswichtige Organ, das jeder Laie beurteilen kann – ob trocken oder fett, schuppig oder verbrannt.

Das fast zehn Pfund schwere und etwa zwei Quadratmeter große Organ muß die Schläge eines Boxers wegstekken und beim zartesten Kuß den ganzen Körper in Erregung bringen. Es darf nicht zerreißen, es muß sibirische Kälte und tropische Hitze ertragen und dabei die Temperatur des Körpers auf siebenunddreißig Grad halten. Und wenn die Haut doch zerreißt, dann muß sie sich selbst reparieren und möglichst keine Narben hinterlassen.

Alle siebenundzwanzig Tage erneuert sich die Oberhaut. Von den unteren Schichten wandern Zellen nach oben und werden abgestoßen. Talgdrüsen produzieren Tag für Tag Fett, damit die Haut geschmeidig bleibt.

Die Schweißdrüsen in der Haut verdunsten bei extremer Hitze täglich bis zu zehn Liter Wasser, damit der Körper abkühlt. Ein Viertel des gesamten Blutes zirkuliert in ihren feinen Adern und ändert ihre Farbe und Temperatur je nach Situation. Wenn das Herz vor Aufregung klopft und mehr Blut in den Kreislauf pumpt, werden die Depots in der Haut geleert, und sie wird blaß. Rote Ohren wiederum sind auch ein Körpersignal der Gefühlswelt. Die Haut ist die sichtbare Verbindung von Physis und Psyche!

Liebe geht direkt unter die Haut

Nie wird dies so deutlich wie in den Stunden von Lust und Liebe. Die Haut des Menschen ist ein einziges riesiges Sinnesorgan. Hochempfindlich reagiert sie nicht nur auf derbe oder zupackende Berührungen, sondern auch auf feinste Reize – auf das Fächeln eines Luftzugs ebenso wie auf den gehauchten Kuß oder das sanfte Streicheln der Fingerkuppe. Wie ansprechbar die Körperhülle ist, läßt sich sogar in Zahlen ausdrücken:

Rund 80000 hochempfindliche und 640000 weniger sensible Nerven münden unter der Haut. Diese empfindlichen Punkte sind aber nicht zufällig oder willkürlich über den ganzen Körper verteilt und verstreut, sondern nach einem sinnvollen Plan. Besonders reich ausgestattet sind zum Beispiel alle verletzlichen Körperteile wie der Kopf oder wichtige Werkzeuge wie Finger. Und geradezu verschwenderisch viele Nervenenden befinden sich in den sogenannten ›erogenen Zonen‹ des Menschen – in den Bereichen, die direkt oder indirekt am Liebesspiel zwischen zwei Menschen beteiligt sind.

Den Begriff ›erogene Zone‹ hat der Begründer der modernen Psychologie, Sigmund Freud, geprägt. Er wollte damit deutlich machen, daß sich die sexuelle Lust nicht auf die Geschlechtsorgane beschränkt, sondern – mehr oder weniger intensiv – auch an anderen Stellen des Körpers gespürt und genossen wird.

Von Freud stammt auch die heute allgemein akzeptierte Theorie, daß schon ein Neugeborenes erogene Zonen hat. Seine wichtigste Lustquelle ist der Mund: Beim Saugen an der Brust der Mutter stillt das Kind nicht nur seinen Hunger, sondern erlebt auch intensive Wonnegefühle. Später – im Kleinkindalter – entdeckt der Mensch über diese Lustempfindungen hinaus beim Ausscheiden einen zweiten großen erogenen Bereich: die Analregion. Erst mit der Pubertät und der sexuellen Reife werden dann die Geschlechtsorgane zu den wichtigsten Zentren sexueller Empfindungen. Die moderne Sexualwissenschaft hat den Begriff erogene Zone übernommen und haarklein – sogar im Labor – untersucht, wie dort sexuelle Erregung und die damit verbundenen sinnlichen Kreisläufe entstehen:

Obwohl sich der Körper des Mannes so deutlich von dem der Frau unterscheidet – sexuell erregbar sind beide Geschlechter in den gleichen Körperregionen. Das sensibelste Organ des Mannes ist der Penis. Vor allem an seiner Unterseite und auf der Eichel ballen sich die Nervenenden zu höchster Dichte. Etwas weniger ›durchnervt‹, aber immer noch hochempfindlich und am Entstehen sexueller Lust direkt beteiligt, sind beim Mann die Hoden (vor allem die Rückseite), der Damm, der After, der Po, die Leistengegend und die Innenseiten der Schenkel.

Ein besonderes – wenn auch schwer erreichbares – Lustorgan des Mannes ist die Prostata (Vorsteherdrüse). Vor allem in der asiatischen Liebeslehre gilt es als hohe Kunst der Erotik, wenn eine Frau es versteht, die kleine Drüse mit dem Finger zu stimulieren. Da die Prostata allerdings nur durch den After erreichbar ist, hat diese Praktik in der westlichen, hygienebewußten Liebestradition keine große Bedeutung.

Bei der Frau ist das Zentrum der höchsten sinnlichen Lust die Klitoris. Sie besteht aus dem gleichen Gewebe wie der Penis des Mannes, ist etwa so groß wie ein Knopf und liegt vor dem Schambein. In diesem vergleichsweise kleinen Organ laufen mehr sexuell reizbare Nervenenden zusammen als in irgendeinem anderen Körperteil der Frau. So sensibel ist die Klitoris, daß eine direkte Reizung leicht als unangenehm empfunden werden kann. Beim Geschlechtsverkehr wird sie nur indirekt massiert und hin- und herbewegt. Außerdem ist es sehr vielen Frauen angenehmer, wenn die Klitoris nicht an der Spitze, sondern nur an den Seiten berührt wird.

Hoch ansprechbar für zärtliche oder stürmische Berührungen sind auch die kleinen und die großen Schamlippen, der Venushügel und – ähnlich wie beim Mann – der Damm, der Po, die Hüften und die Innenseiten der Schenkel.

Nur wenige Nervenenden enthält jedoch das Innere der Vagina. Hier ist die Frau relativ unempfindlich für Berührungen. Was vielleicht wie eine Benachteiligung der Natur aussieht, erweist sich letztendlich als sinnvolle Einrichtung. Denn die Vagina ist nicht nur ein Liebes-, sondern auch ein Geburtsorgan. Weil sie nicht ganz so sensibel ist, kann der Druck des Babykopfs bei der Geburt auch nicht unerträglich werden.

Manche Wissenschaftler behaupten – und viele Frauen bestätigen es –, daß es aber, verborgen im innersten der Vagina, doch ein besonderes Lustzentrum gibt: den G-Punkt (so genannt nach dem Gynäkologen Ernest Gräfenberg). Er soll sich etwa auf halber Höhe der vorderen Scheidenwand befinden und – wird er sanft mit den Fingern stimuliert – so wonnevolle Empfindungen auslösen wie die Klitoris. Außerdem wird dort angeblich im Augenblick des Orgasmus eine Flüssigkeit abgesondert, die in ihrer chemischen Beschaffenheit dem Sekret der Prostata ähnelt. Manche Wissenschaftler sehen im G-Punkt daher so etwas wie eine ›weibliche‹ Entsprechung der Vorsteherdrüse.

Bisher hat allerdings noch niemand mit letzter Sicherheit nachweisen können, ob dieser geheimnisvolle Lustpunkt tatsächlich existiert.

Weitere sexuell besonders reizbare Zonen sind – vor allem bei Frauen, aber auch bei Männern – die eigentlichen Brustwarzen und in etwas schwächerem Maß der sie umgebende Warzenhof. Auf zärtliche Berührungen reagieren sie mit einer Erektion: Sie werden hart und richten sich auf. Bei der Frau sind die Brustwarzen über Nervenbahnen direkt mit der Gebärmutter verbunden: Werden sie also stimuliert, zieht sich die Gebärmutter wie beim Orgasmus rhythmisch zusammen. Sogar während des Stillens können bei einer Frau diese lustvollen Empfindungen auftreten.

Neben Genital- und Analbereich sowie den Brustwarzen ist schließlich noch der Mund eine wichtige erogene Zone. Wie an allen Körperstellen, wo sich normale Haut und Schleimhaut treffen, befinden sich hier besonders viele Nervenzellen. Schon ein leichtes Streichen mit dem Finger über die Lippen kann sinnliche Erregung auslösen. Und ein inniger Kuß schenkt den Liebenden oft so tiefe Gefühle wie der eigentliche Geschlechtsverkehr.

Mann und Frau reagieren also ähnlich empfindsam auf zärtliche oder erregende Berührungen – und beide wurden reich von der Natur mit erogenen Zonen ausgestattet. Bei beiden setzt die zärtliche Berührung oder Reizung dieser Körperstellen ähnliche Kreisläufe in Gang: Die sexuelle Erregung beginnt, Blut fließt vermehrt in die Genitalorgane. Die Geschlechtsorgane schwellen an – beim Mann deutlich sichtbar als Erektion. Das Herz beginnt schneller

Derjenige, den ›ihr‹ Blick von seitlich unten trifft, hat keine Chancen, denn die fest übereinandergeschlagenen Beine verschließen den Intimbereich, die Fußspitze zeigt genau in die andere Richtung, und die Arme vor dem Körper bilden eine Barriere. Der Mund ist geschlossen.

zu schlagen, der Atem vertieft sich, die Sinneswahrnehmungen verändern sich, und auch die Haut verwandelt sich auf eigentümliche Weise. Sie ist stärker durchblutet, wird rosig, die Poren öffnen sich, kleine Schweißperlen werden abgesondert, und durch die verstärkte Atmung kann es zu einem leichten Kribbeln in Armen, Beinen oder sogar im ganzen Körper kommen. So sehr verändert sich die Empfindsamkeit der Haut, daß auf dem Gipfel der sexuellen Erregung auch Berührungen, die sonst unangenehm wären – zum Beispiel leichtes Schlagen oder Kratzen –, als lustvoll empfunden werden. Und manchmal sehen die Partner dann erst nach dem Liebesakt an den Spuren auf der Haut, daß sie sich weh getan haben.

Bei allen Ähnlichkeiten gibt es aber doch einen großen Unterschied: Frauen reagieren normalerweise noch intensiver auf Berührungen als Männer. Während bei jenen, den meisten jedenfalls, der Orgasmus nur durch die Stimulierung des Penis ausgelöst wird, können Frauen schon durch die Reizung der Brust oder leichtes Klopfen auf den Po zu einem sexuellen Höhepunkt gelangen.

Auch wenn der Ausdruck erogene Zone erst in diesem Jahrhundert geprägt wurde und erst die moderne Sexualwissenschaft genaue Kenntnisse über die Reaktionen dieser Stellen erworben hat – das Wissen um die sensiblen Bereiche der Lust ist uralt.

Das zeigt sich schon unmißverständlich an der Mode. Je nach Freizügigkeit oder Prüderie einer Kultur wurden die erogenen Zonen entweder schamhaft verhüllt oder im Gegenteil entblößt beziehungsweise raffiniert als Blickfang unterstrichen. Egal, ob man sich – wie schon im Altertum – die Lippen einladend rot färbte, den Po durch bauschige Krinolinen vergrößerte oder den Ausschnitt mit einem Anhänger in Tropfenform schmückte, immer ging es darum, den Blick und die Phantasie des Gegenübers auf mehr oder minder subtile Weise in die richtige Richtung zu lenken.

Desgleichen verhält es sich aber auch mit dem Wissen, daß in Wirklichkeit nicht nur die direkten sexuellen Zonen erogen sind, sondern eigentlich der ganze Körper voller Quellen von Lust steckt.

Ob im indischen ›*Kamasutra*‹, in der Liebeslehre des Römers Ovid oder in modernen Ratgebern für sexuelles Glück – immer werden die Liebenden dazu ermuntert, den ganzen Körper in ihr Liebesspiel einzubeziehen und seine verborgenen sensiblen Stellen zu entdecken.

Auch das zarte Reiben der hochempfindsamen Fingerkuppen kann feine erotische Gefühle auslösen. Ebenso wie das Streicheln, Drücken oder behutsame Kneten von Nacken, Ohren, Ohrläppchen und Achselhöhlen. Sogar die Zehen – die großen Zehen vor allem – gelten in den indischen Liebeslehren als ›Saiten‹, die man zum Schwingen bringen kann.

Da die Menschen trotz der anatomischen Ähnlichkeiten doch immer auch einzigartige Wesen sind und sich ihre Sensibilität im Lauf ihres Lebens verändern kann, sind dem phantasievollen Erforschen und behutsamen Ausprobieren beim Liebesspiel eigentlich niemals Grenzen gesetzt.

Um Sexualität voll und immer wieder neu zu erleben, ist es jedoch nicht nur notwendig zu wissen, wo sich die eigenen sensiblen Bereiche und die des Partners konzentrieren – auch auf das ›Wie‹ des Stimulierens kommt es an.

In dieser Frage unterscheidet sich ›grobe‹ Sexualität von der hohen Kunst der Erotik. Bei manchen sexuellen Begegnungen kann das stürmische und direkte Vordringen zu den sensiblesten Zonen im Genitalbereich ›richtig‹ sein und höchste Lust bereiten. Zu anderen Zeiten ist es dann wieder aufregender, genußreicher, sich behutsam und spielerisch vorzutasten – von den erotischen Grenzbereichen bis zu den heißesten Zonen der Erregbarkeit.

Auch mit der Art der Berührung kann man spielen: zart oder kräftig, streicheln oder drücken, schnell oder langsam. Das erfordert aber viel Fingerspitzengefühl. Denn sehr leicht kann die Lust – vor allem an Penis und Klitoris – in Unlust umschlagen. Auch die Dauer der Reizung spielt eine wichtige Rolle. Es stimmt zwar im allgemeinen, daß längere Stimulierung die Erregung steigert und daß ein Abbruch der Reizung die Lust abflauen läßt – aber nicht immer. Dauerhaftes Reizen kann auch in Überreizen umschlagen. Hier kommt es auf sexuelle Erfahrung, Ehrlichkeit und oft auch Vertrautheit mit einem bestimmten Partner an, um immer tiefer in die Geheimnisse der Erotik vorzudringen.

Zweifellos ruft die Berührung der sexuellen Zonen – vor allem im Genitalbereich – reflexartige Reaktionen hervor. Aber ob dabei wirklich sinnliche Erregung entsteht und Lust, hängt auch noch von vielem anderen ab. Zum Beispiel vom Kulturkreis, in dem der Mensch lebt, und vor allem von seiner ganz persönlichen Lebensgeschichte und den Erfahrungen, die er mit Sexualität gemacht hat.

In unserer reinlichkeitsbetonten Kultur und ihrem analogen Desinteresse an Ausscheidungsvorgängen ist die Erregbarkeit im Analbereich psychisch oft stark eingeschränkt. Tabus oder Peinlichkeitsgefühle können die natürlichen Reaktionen hier blockieren.

Auch eine sinnenfeindliche Erziehung oder traumatische Erlebnisse mit dem anderen Geschlecht führen häufig dazu, daß die erogenen Zonen nicht voll ansprechen oder in schlimmen Fällen sogar ganz tabu und unempfindlich bleiben.

Viele moderne Psychotherapeuten sind der Ansicht, daß auch die starken chronischen Muskelverspannungen, die wir im Lauf des Lebens ansammeln, die Empfindsamkeit des Körpers ebenso herabsetzen. Nur wer buchstäblich gelöst ist, kann die sexuelle Lust in ihrer ganzen Intensität erfahren.

Die wichtigste Voraussetzung für sinnliche Erregbarkeit liegt aber darin, daß man auch seelisch zur sexuellen Begegnung mit dem Partner bereit ist. Vor allem die Liebe zu einem ganz bestimmten Menschen, der Wunsch, sich mit ihm nicht nur körperlich, sondern auch seelisch zu verbinden, bringt den ganzen Körper – die erogenen Zonen – zum Schwingen, die Haut zum Glühen.

Lust läßt sich eben nicht per Knopfdruck auf bestimmte Körperteile erzeugen: Wird eine Frau vom Frauenarzt im Intimbereich untersucht, hat sie dabei meist ebensowenig Gefühle wie der Mann bei der Prostatakontrolle. Und wird man gegen seinen Willen zur Sexualität gezwungen, bleiben die Nervenenden stumm, auch wenn sie noch so kräftig gereizt werden.

Der Körper reagiert nicht!

Außerdem – so wichtig wie die Haut mit ihren erogenen Zonen für das sexuelle Glück auch sein mag, sie ist doch nicht alles. Das Spektrum menschlicher Lust und Liebe ist unendlich größer und vielfältiger. Man liebt nicht nur mit der Haut, sondern auch mit den Geschmacksnerven beim Küssen, mit der Nase beim Einatmen erotischer Gerüche. Man liebt mit den Ohren – die Seufzer und Worte der Lust. Und man liebt mit den Augen – den Anblick des Partners, seines Gesichts, das sich in den Stunden der Lust verändert.

Glauben Sie mir – wirklich wunderbar und schön, wirklich beglückend ist die Liebe nur, wenn man sie mit allen Sinnen genießt!

Weitere erogene Zonen, die angesprochen werden wollen

Haben Sie einen Mann, der sich beim Liebesspiel leider immer wieder fehlerhaft an Ihnen vergreift?

Oder sind Sie mit einer Frau zusammen, die im Bett nie so richtig weiß, wohin mit ihren Händen?

Damit ist jetzt Schluß! Denn es gibt noch eine ganze Menge mehr erogene Zonen – außer Busen, Penis und Scheide.

Frauen sind glücklich, wenn der Mann ihren Bauch – genau unter dem Nabel – küßt oder mit der Zunge verwöhnt. Alle Frauen schnurren wie Schmusekatzen, wenn der Mann – am besten mit den Fingernägeln – den Rücken zwischen Schulterblatt und Rückgrat krault.

Frauen zerfließen vor Wonne, wenn der Mann die Stelle krault, von der höchste Gefühle in das Gehirn strömen: den ›Kapuzenmuskel‹ in der Nackenmitte.

Frauen mögen es, wenn der Mann auch mal den ›Griff ins pralle Leben‹ wagt. Der Po ist ein immer noch zu oft verkanntes Lustzentrum.

Frauen empfinden es als besonders luststeigernd, wenn der Mann mit den Händen ganz zärtlich die Außenseite der Oberschenkel ein wenig knetet.

Frauen lieben es, wenn der Mann ganz sanft das Rückgrat küßt, streichelt oder beim Vorspiel zart mit den Fingerkuppen massiert.

Frauen reagieren mit höchstem Reiz, sofern ein Mann den Hals unterhalb des Ohres beim Liebesspiel küßt und zwischendurch ganz leicht anpustet.

Und das haben Männer gern: Sie sind echt versessen darauf, daß eine Frau beim zärtlichen Spiel den äußeren schrägen Bauchmuskel berührt. Das feuert viele zur Liebe an.

Bei allen Männern konzentriert sich die erotischste Stelle des gesamten Körpers dort, wo es die wenigsten Frauen vermuten: in der unteren Rückenhälfte, am ›Sägemuskel‹.

Männer sind in der Bauchnabelgegend gar nicht kitzlig, sondern in höchstem Maße erregbar.

Alle Männer reagieren lustvoll auf jede zärtliche Geste, die ihre Leistenbeuge zum Angriffsziel hat.

Männer lieben es – genau wie die Frauen –, wenn ihnen der Nacken gekrault wird: genau dort, wo der zentrale Kapuzenmuskel sitzt.

Nehmen Sie sich doch mal die Zeit und erforschen Sie Ihre Körper – Sie werden eine ganze Menge Neues erfahren!

All die kleinen Berührungen heißen doch nichts anderes als ›ich begehre dich‹, ›ich liebe dich‹ oder auch ›ich vertraue dir‹.

Denn Berührungen machen offen und bereit für die Liebe! Nur bevor es dazu kommt, kann es doch noch Probleme geben. Ich weiß das von vielen Frauen, die sich immer wieder darüber beklagen, daß die Männer im Lauf der Zeit das Vorspiel zur Liebe auf ein Minimum reduzieren. Und die Männer meinen: »Das ist doch nicht so wichtig, darauf kommt's doch nun wirklich nicht mehr an.«

Irrtum – denn das lustvolle Miteinanderspielen spielt für beide eine große Rolle.

Die Barriere: Die Arme sind demonstrativ vor der Brust, einer wichtigen erotischen Region, verschränkt.

Keine Annäherung, kein Zugang ist erwünscht! Und die gesenkte Kopfhaltung, der Blick von unten, die geschlossenen Lippen unterstreichen den betont abweisenden Eindruck noch.

12

FALL-
GRUBEN

Das Vorspiel – die Pflicht vor der Kür?

Ouvertüren – daran läßt sich nun mal nicht rütteln – gehören zur Oper so selbstverständlich wie die herzzerreißende Liebesarie des Helden und der schmelzende Schlußakkord. Entstanden sind die Opernvorspiele nicht aus überschäumender Komponierlust, erzählt die Musikgeschichte, sondern aus schierer Notwendigkeit. Das Theaterpublikum, früher keineswegs so andachtsbeflissen wie heute, mußte erst einmal zur Ruhe und in Stimmung gebracht werden, ehe der Vorhang gehoben werden konnte.

Etwas Ähnliches gilt auch für die sexuelle Liebe. Auch ihr gehen ganz selbstverständlich eine Zeit der Vorbereitung und ein paar Takte Zärtlichkeit voraus. Ohne diesen Beginn würde Sexualität auf Dauer auch gar nicht funktionieren.

So ist das sexuelle Vorspiel, darauf abzielend, die Lust vor dem Koitus zu steigern, keineswegs eine Entdeckung der Menschen, es ist vielmehr eine Erfindung der Natur: Auch bei den meisten Tieren ist der eigentlichen Vereinigung – die meist rasch erledigt ist – eine Reihe äußerst komplizierter Balzrituale vorgeschaltet. Der Sinn dieser Ouvertüre liegt darin, möglichst günstige Bedingungen für die sexuelle Begegnung herzustellen. Beide Beteiligten sollen in hohem Maß aufmerksam und bereit füreinander werden.

Auch die Menschen betreiben sexuelles Vorspiel – eine bekannte Tatsache. Und sie tun es, seit sie auf dieser Welt existieren – und natürlich auch die Liebe.

Manchmal besteht es nicht aus Gesten und Zärtlichkeiten, sondern nur aus unwägbaren Signalen, die blitzschnell zwischen beiden hin- und hergehen. Meist wird aber geküßt, gekuschelt, gekichert, geseufzt und gekost. Ob flüchtig und spontan oder langwierig und nach so komplizierten Ritualen, wie sie beispielsweise das indische ›*Kamasutra*‹ lehrt. Der Effekt ist im Prinzip der gleiche: Zwei zunächst noch getrennte Körper und Seelen können sich aufeinander einstimmen und sich auf die gleiche Wellenlänge einschwingen.

Beim erotischen Vorspiel macht man sich mit dem Geruch des anderen vertraut, mit seiner Art des Zupackens und der Intensität seines Begehrens. Man erahnt, welche Empfindungen das Zusammensein bereithält.

So verstanden, kann wohl niemand bezweifeln, daß sexuelles Liebesspiel notwendig ist, wenn die Liebesbegegnung stimmen soll. Jedoch: Seit Sexualität nicht mehr nur gelebt, sondern auch wissenschaftlich erforscht wird, hat die Sache mit dem Vorspiel plötzlich einen neuen Akzent bekommen. Und der ist leider dazu angetan, das lustvollste aller Spiele in harte Arbeit umzumünzen.

Fast jeder hat sie schon einmal gesehen: die Erregungskurven von Mann und Frau, aufgezeichnet von den amerikanischen Sexualforschern William Masters und Virginia Johnson. Diese graphischen Darstellungen männlicher und weiblicher Lust verlaufen ja keineswegs synchron. Beim Mann denkt man unwillkürlich ans Matterhorn: steiler Anstieg, spitzer Gipfel und jäher Abfall. Bei der Frau dagegen fühlt man sich an die unverkennbare Silhouette des Kilimandscharo erinnert: sanfter Anstieg, langgezogene Kuppe und gemächlicher Abstieg. Von diesen wissenschaftlichen Untersuchungen blieb in den Köpfen vor allem die lapidare Feststellung zurück: Die Frau ›braucht‹ länger als der Mann, und soll auch sie den Gipfel erklimmen, muß der Mann etwas tun: nämlich ›vorspielen‹.

So entstand der moderne Mythos vom sexuellen Vorspiel als Aufwärmphase für die zum Orgasmus so wenig begabte Frau. Und das Ideal vom guten Liebhaber, der durch ausgedehnte Spielereien seiner Partnerin bei ihrem betulichen Aufstieg zum Gipfel hilft. Berufen konnte man sich in dieser Frage auf Altvater Alfred Kinsey, der schon in seinem Report aus den fünfziger Jahren befand, das Vorspiel sei im allgemeinen zu kurz!

Diese neuen Auffassungen haben sich in unsere Köpfe geschlichen wie Umweltgifte in die Leber und eine Menge im sexuellen Verhalten verändert:

Da wurde der Körper der Frau zur Landkarte, bestehend aus erogenen Zonen, die in bestimmter Reihenfolge liebkost werden sollten. Da lernten die Männer alte und neue Techniken, um ihre schnelle Lust zu zügeln. Zumindest diesen Vorteil hat das eingebracht: Neue sexuelle Erfahrungen wurden möglich, man dachte vielleicht zum erstenmal über das eigene Verhalten nach. Aber die schädliche Nebenwirkung ist nicht zu übersehen: Alles, was zum ›Muß‹ wird, vertreibt die ›Muse‹. Wo nicht mehr das Spiel, sondern nur die Spielregel gesehen wird, vergeht rasch die Freude.

Die also ziemlich verbreitete Vorstellung vom erotischen Spiel als Pflicht vor der Kür hat in der Tat typische Formen fürs sexuelle Zusammensein geprägt. Eine davon: das gar zu pflichtbewußt absolvierte Vorspiel, das jedesmal nach dem gleichen Ritual abläuft. Glauben wir dem Ralf-Report über die Sexualität der Deutschen, lassen wir uns ohnehin recht leicht zu erotischen Gewohnheitstieren dressieren. Nun wird also nicht nur mittwochs und samstags nach der ›Sportschau‹ geliebt – auch die Dauer der Begegnung verläuft noch gleich. Dazu ein paar Zahlen, die einen Hinweis liefern können:

Kinsey stellte in seinen Untersuchungen noch erhebliche Unterschiede bei der Dauer des Vorspiels fest: Elf Prozent kamen nach drei Minuten zur Sache, 36 Prozent brauchten vier bis zehn Minuten, 31 Prozent elf bis 21 Minuten und immerhin 22 Prozent ließen sich mehr als 21 Minuten Zeit.

Zwanzig Jahre später beobachtete Kinseys Landsmann Seymour Fisher eine bemerkenswerte Nivellierung: In einer Studie gab mehr als die Hälfte an, ihr Vorspiel sei eine Sache von fünfzehn Minuten.

Was also möglicherweise verlorengeht, ist die Unbefangenheit, so lange zu spielen, wie man will. Oder eben manchmal auch weitgehend darauf zu verzichten. In argen Verruf geriet vor allem jene Form sexueller Begegnung, die der englische Sexualapostel Alex Comfort so treffend ›Quicky‹ nannte: die kurze, rauschhafte Vereinigung jenseits aller Orgasmusängste mit ihrem – so Comfort – scharfen Reiz des Blitzeinschlags. Entgegen der heute landläufigen Meinung kann auch eine Frau dabei höchste Wonne erfahren. Denn nicht einmal die raffinierteste Liebestechnik ist für sie so erregend wie das heftige Begehrtwerden von dem Mann, den sie liebt – wie Seymour Fisher in der Untersuchung über den Orgasmus der Frau feststellte.

Eine andere typische Konsequenz aus dem Vorspielstreß: Die gutgemeinten Bemühungen des Liebhabers erzielen genau das Gegenteil des angestrebten Effekts. Statt aufzusteigen zu den höchsten Höhen, steigt die Frau an seiner Seite schlicht aus! Das geschieht vor allem dann, wenn der Mann gar zu langatmig um sie bemüht ist. Wenn er aus übertriebener Rücksicht überhaupt nicht mehr auf sein eigenes Tempo und sein eigenes Drängen hört. Weil er sich das als guter Liebhaber schuldig ist: von oben bis unten und von unten bis oben, und das Ganze noch mal rückwärts.

Mit den feinen Antennen, die uns naturgemäß beim Liebesspiel erwachsen, nehmen wir deutlich wahr: Eigentlich ist er mehr mit den Händen als mit dem Herzen dabei. Nicht selten schickt dann die so ›bearbeitete‹ Frau ein stummes Stoßgebet zum Himmel, er möge doch nun endlich zur Sache kommen! Da sie ihn nicht verletzen möchte, signalisiert sie schließlich Bereitschaft, die gar nicht mehr vorhanden ist, und beendet damit das zähe Mißverständnis.

Wohl dem Paar, das offen genug miteinander umgeht, um hier aufzuklären, und dann vielleicht auch noch über genügend Humor verfügt, um gemeinsam darüber zu lachen!

Nachdenklich stimmt auch, was die amerikanische Soziologin Shere Hite zum Thema Vorspiel in ihrem Report über das sexuelle Erleben des Mannes ins Bewußtseins fördert: nämlich einen ziemlichen Wirrwarr an Vorurteilen und oft eine gehörige Portion zorniger Enttäuschung. So gab die große Mehrheit der befragten Männer an, daß sie im Bett die ganze Arbeit zu leisten hätten:

»Es macht mich verdammt zornig, die Damen nehmen offenbar an, daß Männer keine aktive Stimulierung brauchen.«

»Es gefällt mir nicht, daß ich immer alles tun muß. Richtig reagieren besteht doch aus mehr als dem gelegentlichen Ausspruch: Das ist gut.«

»Die Mädchen erwarten immer, daß ich alles erledige. Sie rühren sich nicht im Bett, ergreifen nicht die Initiative, sind nicht aggressiv genug. Ich glaube zu verstehen, warum sie sich so verhalten. Sie kommen oft nicht zum Orgasmus, wissen aber, daß die Männer einen bekommen. Deshalb, finden sie, brauchen sie nicht mitzuhelfen, daß der Mann dann seinen erlebt!«

Die Aussagen der Männer zeigen ziemlich deutlich, was passiert, wenn sexuelles Vorspiel als Einbahnstraße zum Orgasmus der Frau mißverstanden wird. Als Preis, den der Mann dafür zu zahlen hat, daß er von Natur aus schneller

Ablehnung und Skepsis verrät diese Sitzhaltung. Körper und Knie sind leicht abgewandt, die Beine fest geschlossen und durch die auf den Knien überkreuzten Hände ›verriegelt‹. Der Blick schräg nach oben deutet auf Unsicherheit. ›Sie‹ ist nicht auf einen Flirt eingestellt.

kommt: Die Frauen verhalten sich tatsächlich passiv, weil sie überzeugt sind: Nur ich brauche das Vorspiel.

Die Männer ›rackern sich ab‹ (dieser Ausdruck tauchte auf Shere Hites Fragebögen auf) und haben das Gefühl, zu kurz zu kommen.

Paradoxerweise machen sie ihren Partnerinnen meist nicht deutlich, wie sehr auch sie sich nach Zärtlichkeiten sehnen. Und zwar, weil sie selbst im Irrtum befangen sind, daß ein Mann das doch eigentlich gar nicht braucht.

Wie wichtig es für eine glückliche sexuelle Verbindung ist, erotisches Vorspiel von der zwanghaften Zielvorstellung ›Orgasmus‹ zu befreien, erkannten auch die Sexualwissenschaftler Masters und Johnson.

Fast jedem Paar, das bei ihnen um Hilfe wegen sexueller Probleme ersuchte, wurde erst einmal folgendes Programm verordnet:

Sexuelle Vereinigung und Orgasmus waren für einige Wochen strikt ›verboten‹ – dagegen waren alle Zärtlichkeiten und Schmusereien erlaubt. Also genau das, was gemeinhin als Vorspiel bezeichnet wird. Nur so, befanden die Therapeuten, kann die Lust am Körper und der sexuellen Stimulation wieder entstehen – kann Spiel also wirklich wieder Spiel sein.

Schon allein diese Erkenntnis mag manchem helfen, sich wieder unbefangener ins erotische Vorspiel einzulassen. Aber es gibt noch ein anderes Geheimnis. Der Münchner Ehetherapeut Karl Herbert Mandel formuliert es so:

»Die Kunst der Liebe besteht nicht so sehr im Anfangen, sondern im Aufhörenkönnen.« Also auch in der Kunst der Pausen.

Wer hat diese Situation nicht auch schon in seinen innigen Stunden erlebt? Man hat sich eingelassen, auf- und angeregt, gekuschelt und geschmust – und dann doch festgestellt, daß die Lust nicht so richtig wächst, sondern nur unbestimmt dahinplätschert. Manche marschieren dann doch verbissen weiter: ›weil's ja eben weitergehen muß‹.

Richtiger wäre es, das Spiel leichten Herzens ausklingen zu lassen. Ohne das Gefühl, daß etwas schiefgelaufen ist. Mit der ganz sicheren Empfindung: Es war auch so schön.

Und gleich noch ein zweites Geheimnis: Spielen macht am meisten Spaß, wenn beide gleichberechtigt sind. Höchste Lust, schreibt der amerikanische Bioenergetik-Therapeut Alexander Lowen, entsteht da, wo jeder in gleichem Maß an den anderen und an sich denkt.

Zu Recht hat man den krassen Egoismus der Männer angeprangert, die nur schnell zur eigenen Sache kommen wollen.

Ebenso weit entfernt von sexueller Einfühlung ist jedoch, wer nur auf die Lust des anderen schielt. Das schönste aller Liebesspiele bleibt hohl und leer, solange sich nicht die Grenze zwischen Geben und Nehmen verwischt. Und ist dieser Punkt erreicht, tauchen Fragen wie: »Ist das lange genug? Ist das auch gut genug? Kann ich jetzt aufhören?« ohnehin nicht mehr auf. Denn dann haben längst Herz und Bauch das Kommando über den Kopf übernommen – und alle Unsicherheiten verflüchtigen sich wie Eiskristalle in der Sonne!

Das Vorspiel ist also Pflicht und Kür in einem.

Das Vorspiel ist wichtig für Mann *und* Frau. Aber es wird wirklich zum Streß, wenn Sie dabei zur Uhr schielen!

Sie dürfen auch nie vergessen – die Liebe, die körperliche Liebe, hat immer etwas mit der aktuellen Tagesform zu tun. Manchmal will man lange kuscheln und manchmal eben lieber gleich zur Sache kommen!

Die Lust ist weg – alles geht schief!

Vielleicht kennen Sie die Situation aus eigener Erfahrung: Sie haben sich den ganzen Tag darauf gefreut, mit Ihrem Partner zu schlafen. Dann ist es soweit – der Abend war gemütlich, ganz entspannt. Doch schon auf dem Weg ins Schlafzimmer sind Sie sich nicht mehr so ganz sicher, ob Sie immer noch die ganz große Lust auf Sex und Streicheleinheiten haben.

Endlich im Bett, ist der noch vorhandene Rest dann ganz weg – einfach weg!

Jetzt könnten Sie natürlich eine Ausrede gebrauchen – Sie wissen schon, die Sache mit der Migräne oder die bleierne Müdigkeit, weil der Tag so anstrengend war. Aber mit den Entschuldigungen ist das so eine Sache!

Sie können aber auch ganz ehrlich sagen, daß Sie auf einmal keine Lust mehr haben. Aber – Sie müssen schon selbst entscheiden, wie Sie sich aus dieser Affäre ziehen.

Meistens sieht es dann so aus: Die Frau stürmt ins Bad, kommt eingecremt und im langen, hochgeschlossenen Nachthemd wieder heraus und sprintet ins Bett. Alle Annäherungsversuche des Mannes – ob es nun der freudig erregte Klaps auf den Po ist oder die Frage: »Geht's dir auch so gut?« – werden mehr oder weniger mürrisch abgetan. »Ach, laß das doch!« wird meistens noch vor sich hingebrummelt.

Im Bett rollt sie sich dann zusammen – Fötuslage, Rücken zu ihm – und versucht, sofort einzuschlafen. Gelingt ihr aber nicht, weil sie sich vor seiner ›Sex-Attacke‹ fürchtet!

Oder sie nimmt die gleiche Lage ein, die Beine angezogen, die Hände fest um die Knie geschlungen – aber mit dem Gesicht zum Partner. Beides signalisiert: »Bitte nicht, ich habe keine Lust!«

Genau diese Signale können Männer oft nicht verstehen. Sie wundern sich nur, daß die rauschende Liebesnacht, die sie sich so schön ausgemalt haben, wieder einmal ins Wasser fällt.

Ist der Mann nun ganz hartnäckig, weil er die Botschaft, die ihm seine Frau ja übermitteln will, nicht verstanden hat – dann macht die Frau mit, unlustig, sie möchte ja keinen Krach riskieren.

Weil sie aber zur Liebe nicht bereit ist, spielt sie ihm nun Orgasmustheater vor. In der Hoffnung, daß das Ganze ja sowieso gleich vorbei ist.

Warum, frage ich mich immer wieder, trauen sich die Frauen nicht, anders zu sein, als es die Männer von ihnen erwarten? Schon seit mehr als fünfzehn Jahren reden wir von der sexuellen Befreiung, der sexuellen Gleichberechtigung.

Jetzt sollten wir endgültig die Freiheit in Anspruch nehmen, die unserer eigenen Persönlichkeit entspricht – nicht der des Partners.

Zugegeben, so ganz einfach ist das nicht. Zu lange wurde die Sexualität der Frau verschleiert und an männlichen Vorstellungen gemessen.

Es ist keine leichte Aufgabe, einem Mann klarzumachen, daß man als Frau Sex nun mal ganz anders erlebt als er – und daß es keineswegs immer der Höhepunkt ist, der Sex so schön und erfüllend machen kann.

Lassen Sie Ihren Partner den Genuß spüren, den Sie auch ohne Orgasmus haben. Es ist nämlich nicht unbedingt der Höhepunkt der Frau, den ein Mann zur sexuellen Erfüllung braucht – nur ihre Reaktion an sich.

Vielleicht ergibt sich umgekehrt einmal die Gelegenheit, Ihren Partner so zu umarmen, daß es für ihn beglükkend und aufregend ist, obwohl er dabei nicht zum Höhepunkt kommt.

Ich weiß, es ist manchmal nicht ganz einfach, beim Sex ehrlich zu sein. Noch schwieriger aber dürfte es sein, ein Verwirrspiel zu beenden! Gerade dann, wenn es vielleicht schon Jahre gedauert hat.

Nutzen Sie aber bitte nicht jenen Moment, Ihrem Partner die Wahrheit brutal ins Gesicht zu sagen, wenn Sie in Abwehrhaltung zusammengekringelt im Bett liegen.

Sie müssen nach einem solchen ›Geständnis‹ damit rechnen, daß bei Ihrem Partner auch mal Zweifel aufkommen können. Er weiß dann nicht mehr, ob das, was er gerade erlebt hat, wirklich echt war – oder nur gespielt.

Denken Sie auch immer daran, Ihren Partner im Bett nicht mehr zu belügen. Denn mit einer sexuellen Lüge sichern Sie sich ganz bestimmt nicht das Bestehen Ihrer Beziehung. Im Gegenteil: Sie verlieren Ihr Selbstvertrauen zur Liebe Ihres Partners, weil Sie sich nicht mit Ihrer eigenen Sexualität geliebt fühlen.

Offenheit und Ehrlichkeit dagegen sind nicht nur Zeichen persönlicher Reife. Sie sind auch ein Beweis dafür, daß man mit seinem Partner im Einklang steht.

Wenn ›er‹ mal nein sagt

Meistens sind es ja die Männer, die sich darüber beklagen, daß ihre Frauen zuwenig Lust haben und zu selten die Initiative ergreifen. Was passiert aber, wenn der Mann mal nein zum Sex sagt!?

Wenn er sich ins Bett legt und durch seine Körperhaltung – sie ist so ähnlich wie bei uns Frauen: eingekringelt und eingewickelt – zu verstehen gibt: heute nicht, Liebling!

Um es gleich vorwegzunehmen – wir Frauen verstehen diese Signale noch weniger als die Männer. Wir gehen auch nicht zum Angriff über. Wir tun etwas völlig anderes: Während er neben uns bereits friedlich schläft, liegen wir noch stundenlang wach und quälen uns mit der Frage: »Liebt er mich eigentlich noch?«

Die meisten Frauen reagieren auf eine sexuelle Abfuhr des Partners zutiefst verletzt und verunsichert. Gesellschaft und Erziehung haben ihnen beigebracht, Sex, Liebe und Ehe seien untrennbar miteinander verbunden. Wenn sich im Bett nichts abspielt, glauben sie häufig, daß auch Gefühle, Zuneigung, Zärtlichkeit und sogar die Ehe im argen liegen.

Die Lösung ist meist einfach und sogar leicht verständlich: Ein neuer Job, mehr Verantwortung, Übermüdung, eine Feier oder auch mal einfach sexuelle Sättigung rufen bei Männern leicht solche Reaktionen hervor.

Was aber tun, wenn sich der Appetit, der sexuelle Hunger, nicht einstellt? Wenn in puncto Lust einfach Funkstille herrscht? Sie sollten dann nicht an der Liebe zweifeln, nicht an Ihrer eigenen sexuellen Attraktivität, nicht denken, der andere hätte eine Freundin, einen Freund.

Sie sollten sich Lust machen, und zwar ganz langsam, und dabei keine Berührungsängste haben.

Dieser Seitenblick schielt nicht nach dem möglichen Blickkontakt mit einem interessanten oder interessierten Partner. Der Blick weist ab, weil er ausweicht, und wen er trifft, der wird mit Skepsis beäugt. Es bestehen wenig Chancen, daß die Dame auftaut.

Der Kopf ist gesenkt, die Schutzhaltung der Unterarme vor der Brust läßt Annäherung nicht zu.

13

SPIEL DER SANFTEN HÄNDE

Massagen, die sanften Verführer für die schönsten Stunden zu zweit

In uns allen lebt die Sehnsucht nach Berührungen, die uns ein ganzes Leben lang erfüllt. Das Verlangen, angefaßt und berührt zu werden, wird größer und intensiver, je mehr wir auf den Geschmack kommen, je mehr Erfahrungen wir gesammelt haben:

Durch das zärtliche Streicheln der Mutter, das atemberaubende Ertasten und Entdecken des eigenen Körpers und seiner Reaktionen, durch die sanften und forschenden Hände des ersten Freundes, der ersten Freundin und später durch die aufwühlenden Berührungen eines Liebhabers oder einer erfahrenen Frau, die alles in uns zum Schwingen und Vibrieren bringen.

Berührung als Stimulans und Form der zwischenmenschlichen Kommunikation, die auch ohne Worte unendlich viel zu sagen vermag, Botschaften vermittelt, die man nicht in Worte zu fassen vermag, Botschaften wie »ich mag dich«, »du gefällst mir«, »ich brauche dich« oder »ich möchte, daß du dich wohl fühlst, wenn du bei mir bist«.

Zu den allerschönsten Berührungen aber, die sich zwei Menschen schenken können, gehört die Massage. Denn die Entdeckungsreise über den Körper des Menschen, den man liebt, verschafft den Partnern nicht nur körperliches Wohlbefinden und Genuß. Sie zeigt vor allem dem anderen, daß beide einander vertrauen. Rückhaltlos und ganz ohne Vorbehalte. Und genau dieses Vertrauen ist es, das eine Atmosphäre des Wohlbehagens schafft.

Sich streichelnden, massierenden Händen hinzugeben oder mit den eigenen Händen den Körper des Partners zu massieren, sich fallenlassen zu können – all dies zeigt nicht nur die Fähigkeit zum Genuß, sondern auch die Bereitschaft zur totalen Hingabe, zum Sich-öffnen-Können, zum Zulassen von Nähe und Intimität.

Doch obwohl wir uns zeit unseres Lebens nach dieser Intimität sehnen, Lust auf Berührung verspüren, kommt in vielen Beziehungen und Partnerschaften dieser Körperkontakt zu kurz, bleibt die genußreiche und heitere, die unbefangene Sinnlichkeit auf der Strecke.

Trotz der sexuellen Revolution und der daraus entstandenen Freizügigkeit existieren immer noch Tabus, die den Genuß von Streicheleinheiten empfindlich stören. Und auch einengen. So können Klischeevorstellungen und Vorurteile über Massagen den Partnern die ursprünglich vorhandene Unbefangenheit nehmen.

Unbefangen sein heißt über die Fähigkeit verfügen, sinnliche Genüsse zu empfangen und selbst zu schenken. Ohne darüber nachzudenken, was daraus entstehen könnte oder sogar zwangsweise daraus entstehen muß: »Massage – da weiß man doch, wo das endet, igitt!«

Die Angst des Mannes vor sexuellem Leistungsdruck resultiert in einem traurigen Ergebnis von falschverstandener Emanzipation – mittels der Bettrechte ›eingetrieben‹ werden, wir haben bereits darüber gesprochen – und nimmt ihm die Fähigkeit zum lustvollen Annehmen der angebotenen Streicheleinheiten. Ohne sich dafür revanchieren zu müssen.

Eine Frau würde mit Sicherheit viel öfter eine zärtliche Massage genießen wollen; aber je nach ihrer Stimmung ist ihr halt wirklich nur nach einer Massage – und nicht nach mehr.

Und so verzichtet man dann lieber gleich darauf, weil beide dem Irrtum aufsitzen, jede Massage wäre gleichbedeutend mit Sex und müßte zudem immer mit einem Orgasmus enden. Aber bitte glauben Sie mir – hier gibt es keine festen Regeln! Hier ist zum Glück überhaupt nichts

Pflicht! Was sich zwischen zwei Menschen alles abspielt, haben die beiden selbst in der Hand.

Eine liebevoll durchgeführte Partnermassage kann natürlich im Sex den Höhepunkt finden, aus Zärtlichkeiten können erotische Empfindungen und Appetit auf Sex entstehen, die so intensiv sind, daß sie nur noch eins zulassen. Klar! Doch je nach Lust und Laune kann die Partnermassage auch in einer tiefen, glücklichen Entspannung enden, die alle Spuren von Streß und Hektik eines langen Tages aus Gesicht und Körper wegwischt.

Bei der Massage ist man dem anderen hilflos ausgeliefert, ›er‹ beziehungsweise ›sie‹ hat einen fest im Griff. Auch dies versinnbildlicht eine tief in unserem Unterbewußtsein schlummernde Angst: ›Ausgeliefert sein‹, sich den Händen eines anderen vorbehaltlos hingeben zu sollen.

Diese Angst kommt nicht von ungefähr: Wer je eine Partnermassage hat genießen dürfen, wird mit Überraschung und vielleicht zunächst einmal mit Erschrecken festgestellt haben, welche ungeheuren Energien und starken Emotionen dabei freigesetzt werden. Welche aufwühlenden und magnetischen Wellen zwischen den beiden Körpern fließen und schwingen.

Die zarten Berührungen mit Haaren, Händen und Lippen können eine ganz junge Beziehung mit Wärme und Vertrauen erfüllen. Sie können aber auch eine in Routine erstarrte Partnerschaft durch frische Impulse und Kreativität zu neuem Leben erwecken, sie stimulieren und anheizen. Denn eines bewirkt die Partnermassage garantiert immer: Lust auf zwischenmenschliche Kommunikation.

Das Schöne daran ist: Jeder kann das. Glauben Sie ja nicht, daß nur ›Profis‹ Hand anzulegen in der Lage sind! Mit Ihrer Einfühlsamkeit und Sensibilität werden Sie sehr schnell herausfinden, in welcher Stimmung, in welcher körperlichen Verfassung Ihr Partner ist, und wie Sie ihm guttun können!

Erfühlen Sie mit Ihren Händen, welche Berührungen und Griffe gut ankommen, lauschen Sie mit Ihrem eigenen Körper, wie es Ihr Partner jetzt gern hätte. Die Massage ist wie ein Tanz, in den Sie sich hineinfallen lassen, bei dem Sie den Rhythmus auf Ihren Partner übertragen. Die Bewegungen sind locker, fließend, spielerisch. Nichts ist verkrampft.

Und noch etwas: Um eine Massage wirklich genießen zu können, dürfen Sie sich von nichts und niemandem stören lassen. Stellen Sie Telefon und Haustürklingel einfach ab, denken Sie einmal wirklich nur an sich – und natürlich an Ihren Partner.

Ganz ohne ›Regeln‹ geht's doch nicht

Der schönste Auftakt zu einer liebevoll zärtlichen Massage ist natürlich ein entspannendes Bad zu zweit. Die wohlige Wärme des Wassers leistet nicht nur gute Vorarbeit gegen Verkrampfungen und Verspannungen – ein gemeinsames Bad schafft auch die Atmosphäre des Vertrauens, des Sich-gehenlassen-Könnens.

Ihr Partner wird es genießen, wenn Sie ihn einseifen. Damit reinigen Sie nicht nur seinen Körper und stärken seine Selbstsicherheit. So stimmen Sie ihn auch auf die anschließenden Streicheleinheiten ein. Er merkt, daß er sich Ihren Händen wirklich anvertrauen kann.

Die abschließende Dusche spült natürlich die Seifen- oder Schaumreste weg – aber auch die letzte noch vorhandene Befangenheit. Gepflegte Körper sind schöne Körper, und nur so macht das Nacktsein Spaß und gute Laune.

Damit die Massage nun ein wirklicher Genuß wird, sollten Sie natürlich alle ›Zutaten‹ griffbereit haben:

Ein duftendes Massageöl oder eine Körpercreme, die sich gut verteilen läßt, die leicht über die Haut gleitet.

Eventuell ein Stövchen, um das Öl zu erwärmen oder warm zu halten.

Handtücher, vielleicht eine lange, zarte Feder, Räucherstäbchen oder eine Duftkerze und – wenn Sie nicht die vollkommene Stille vorziehen – Ihre Lieblingsmusikkassetten.

Ihrer Phantasie sind da überhaupt keine Grenzen gesetzt. Sie sollten aber auf Nummer Sicher gehen und den Partner vorher fragen, mit welchem Duft er am liebsten massiert werden möchte. Denn ein Massageöl mit ätherischen Essenzen entfaltet seine ganzheitliche Wirkung auch über den Geruchssinn.

Je nach Extrakt regt es an, stimuliert alle vitalen Kräfte, oder es führt zur Entspannung, vollendeter Harmonie und innerer Balance.

So werden zum Beispiel bei der Aromatherapie, die heute weltweit zur seelischen Harmonisierung und Beseitigung körperlicher Verspannungen erfolgreich eingesetzt wird, aromatische Öle zur Massage verwendet. Sie steigern deren Wert, weil die Essenzen die Haut durchdringen und sich ihr Duft auch wohltuend auf die Psyche auswirkt:

Ein Massageöl aus Orangenblüten, Lavendel oder Melisse bringt in Verbindung mit der Partnermassage die perfekte Entspannung. Rosmarin und Zitrone beleben die Sinne. Vielleicht aber überraschen Sie sich mit Ihrem Lieblingsduft? Nehmen Sie ein neutrales, hautfreundliches Öl, zum Beispiel Mandelöl, und mischen Sie ein paar Tropfen Ihres oder seines Dufts darunter. Mit dieser Komposition machen Sie garantiert überhaupt nichts falsch.

Besonders wichtig ist auch die Raumtemperatur! Sie sollten dafür sorgen, daß Ihnen beiden angenehm warm ist. Bei einer Gänsehaut richtet auch die liebevollste Massage nichts mehr aus.

Massieren können Sie auf einem breiten Bett oder einem entsprechenden Sofa – Sie brauchen also kein spezielles Massagebett! Besonders bewährt hat sich die Massage auf dem Boden. Breiten Sie ein großes, flauschiges Badetuch aus, auf dem sich der Partner wohlig ausstrekken kann. Sie selbst kommen so von allen Seiten gut an ihn heran, ohne sich dabei übertrieben strecken zu müssen, und können kniend, hockend oder sitzend massieren, kneten, drücken, pressen oder streicheln.

Bitte vergessen Sie bei all Ihren Bemühungen nicht das Licht! Je sanfter es ist, desto leichter fällt es Ihnen beiden, den gegenseitigen Hautkontakt richtig zu genießen. Sie können sich ganz aufeinander konzentrieren. Selbst wenn der Partner die Augen geschlossen hält, wird sich Ihr eigenes Empfinden durch die Berührung Ihrer Hände auf ihn übertragen.

Zur Abrundung des vollkommenen Genusses legen Sie dann eben Musik auf, eine Platte oder eine Kassette. Auch hier meine Bitte – die Musik müssen Sie beide mögen. Stellen Sie sie aber ganz leise. Nicht die Musik soll den Raum beherrschen, sondern Sie beide sind der Mittelpunkt. Es gibt jetzt nichts Wichtigeres mehr als Sie und Ihren Partner.

Und, noch einmal, sorgen Sie dafür, daß Sie wirklich nicht gestört werden, damit Sie ganz allein Wohlbehagen schenken und empfangen können.

Vergessen Sie nicht, bevor Sie loslegen: Alles ist erlaubt, was Ihnen Spaß macht. Entdecken Sie gemeinsam die Rituale, die Ihnen die größte Lust vermitteln. Bringen Sie – neben der einfühlsamen Berührung Ihrer Hände,

Haare oder Lippen – bitte Ihre ganze Kreativität und Phantasie für diese Massage ins Spiel: Ob Sie nun mit Düften, Farben oder mit Tönen spielen – tun Sie es mit Gefühl. Gehen Sie auf die Bedürfnisse des anderen ein. Jede Massage ist immer eine Quelle neuer Energien – für Sie beide.

Streicheln Sie erotisch sanft – aber kitzeln Sie auch mal!

Jede Ihrer Berührungen löst also unterschiedliche Gefühle in Ihrem Partner aus. Sie haben es demnach buchstäblich in der Hand, ob der Partner in einem Meer von Ruhe badet oder im pulsierenden Strom der Erotik.

Streicheln Sie deshalb sanft, in kreisenden, langen Bewegungen, über den ganzen Körper. Und bitte vergessen Sie dabei nicht: Jeder Mensch hat eine Vorder- und eine Rückseite. Schließen Sie auch die Arme, die Hände, die Finger, die Beine, Füße und Zehen in die Behandlung ein. Denn der gesamte Körper ist erogen, will berührt werden, und wohlige Sinne lassen sich ebenso an der großen Zehe wie in den Kniekehlen und am Nabel wecken!

Der Schlüssel der zärtlichen Partnermassage liegt nicht in der gezielten Berührung der Genitalien. Um die Sinne zu wecken, wird vielmehr eine Verbindung mit den Händen hergestellt zwischen den unerweckten Körperstellen und den klassisch erogenen Zonen. Der Partner soll spüren, daß er am ganzen Körper – von der Kopfhaut bis in die Zehenspitzen – sinnlich ist.

Er darf im übrigen gar nicht merken, wenn ein Griff in den anderen übergeht. So erlebt er seinen Körper als Ganzes. Becken, Bauch, Schenkel, Brüste, aber auch Ohren, Lippen, Nacken, Handflächen, Armbeugen, Fußsohlen und Kniekehlen gehören dazu. Von der Vagina oder dem Penis bis zum Kopf oder den Füßen zu streicheln, regt die primäre sexuelle Energie an, durch den ganzen Körper zu fließen.

Den Hals des Partners mit Atem zu wärmen, winzige Kreise auf seinen Wangen, sanfte Streichungen auf seiner Halsschlagader, mit dem kleinen Finger sanft den winzigen Halbmond unter dem Ohrläppchen nachstreicheln – also, was muß ich Ihnen noch groß sagen: der Phantasie Ihrer Hände sind in der Tat keine Grenzen gesetzt!

Wenn ich jetzt, nach so vielen zärtlichen Streicheleinheiten, sage, kitzeln Sie sich mal, dann ist das kein übler Scherz, den ich mit Ihnen treiben will. Ich meine es wirklich ernst! Kitzeln ist eine Empfindung, die meist völlig unbeachtet bleibt – Sie können sich bestimmt schon denken, warum. Denn Kitzeln halten die meisten Menschen für kindisch.

Dabei können phantasievolle Partner jedoch eine ganz neue Empfindungswelt entdecken, weil Berührungen solcher Art eine Mischung aus kindlichem Spaß, Aggression und erotischem Reiz sind.

Es kann ganz schön anstrengend sein, wenn man richtig gekitzelt wird. Nach einem Tag voller Streß zum Beispiel, wenn Sie völlig verkrampft und verspannt nach Hause kommen, keine Lust auf irgend etwas haben und Ihr Partner Ihren stummen Schrei nach liebevoller Zuwendung versteht – dann können Sie Dampf ablassen! Wenn Sie merken, daß die Anspannung endlich nachläßt, dann wirken die Kitzelberührungen erotisch anregend.

Warum? Weil viele Kitzelregionen gleichzeitig erogene Zonen sind. Wenn Sie damit spielen, befinden Sie sich in einem Grenzbereich zwischen Lachreiz und sexueller Stimulierung. Einige Kitzeltechniken lassen sich deshalb vom erotischen Vorspiel nicht unterscheiden.

Kitzelberührungen können bei Frauen mit Orgasmusschwierigkeiten sehr hilfreich sein. Meist resultieren diese Probleme aus der Unfähigkeit, sich gehenzulassen, sich dem Vergnügen hinzugeben. Ihr Bewußtsein erlaubt es nicht, die Kontrolle über ihren Körper zu verlieren.

Lustvolle Spiele mit dem Partner könnten also manche Problemchen dieser Art lösen.

Die Finger sind die Hauptinstrumente dieser Berührungsform. Die Kunst dabei besteht darin, sie richtig einzusetzen. Die Finger sollten extrem zarten Druck ausüben, die Haut dabei kaum berühren und sich in Druck- und Streicheleinheiten oder in kleinen Kreisen bewegen.

Gelingt es Ihnen, diese zarten Berührungssequenzen in ein leichtes, den Kitzelreiz dämpfendes Streicheln umzuwandeln, so sind Sie bereits in erotische Gefühlsbereiche eingedrungen.

Die Menschen reagieren fast einheitlich auf Kitzelreize. Man unterscheidet grundsätzlich drei verschiedene Zonen:

1. Die Längsseiten des Körpers, den oberen Schambereich, den Bauch und die Knie. Diese Stellen sind hochempfindlich. Beginnen Sie am besten auf einer Körperseite und wandern dann quer über den Bauch (ideal ist die Nabelgegend) entlang einer V-förmig zueinander laufenden Linie in den Leisten.
2. Jetzt kommen der Rücken und der Nacken, die Unterarme und die Füße. Die Erforschung dieser Zonen kann als Vorspiel für intensiveres Kitzeln dienen. Haben Sie den Kitzelreiz erst mal in der ersten Zone geweckt, so funktioniert er auch hier.
3. Jetzt kitzeln Sie die erogenen Zonen. Der ausgelöste Reiz in diesem Bereich kann eine erotische oder kitzelige Reaktion, aber auch eine Kombination von beiden hervorrufen. Gehen Sie hier feinfühlig vor.

Diese Zone ist die interessanteste, weil sie den Kitzelreiz direkt mit der Sexualität verbindet. Es gibt viele Varianten in diesem Bereich, der die Brüste, den Po und die Innenseiten der Schenkel umfaßt.

Werden diese Stellen bei einer Frau gekitzelt, bevor sie einen Höhepunkt hatte, so ist das eine ausgezeichnete ›Vorstufe‹ zum Orgasmus.

So gesehen – und das müssen Sie doch zugeben – ist Kitzeln alles andere als kindisch!

Wenn Sie sich mit den Händen verwöhnen, wenn Sie die große erogene Zone Haut streicheln, dann gibt es einen Punkt, der besonders wichtig ist, damit wir uns in unserer Haut auch richtig wohl fühlen – und das ist der Bauch, das Zentrum unseres Wohlbefindens überhaupt.

Die Lust am Bauch

Partnermassage, die sanfte, milde Strategie gegen Streß und Muskelverspannungen, zeigt sich – so unglaublich es Ihnen zunächst auch klingen mag – im Bauchbereich als besonders wirkungsvoll.

Bei kaum einem anderen Körperteil äußern sich so sehr die Verletzlichkeit und gleichzeitig aber das Vertrauen, das der ›Nehmende‹ in den ›Gebenden‹ hat; erweist sich, wie stark sein Körperbewußtsein und damit sein Selbstwertgefühl ausgeprägt ist; wird sichtbar, ob er sich entspannen kann und Gefühle zuläßt, die mehr über ihn verraten als tausend Worte.

Denn der Bauch ist nicht nur der Mittelpunkt unseres Wohlbefindens, er ist der Mittelpunkt unseres Körpers überhaupt, in dem Gefühle, die aus dem Becken – unserem Lust- und Sexualbereich – kommen, gesammelt und nach oben in Richtung Herz geleitet werden. Deshalb ist er auch besonders aufnahmebereit für Streicheleinheiten, die Wärme erzeugen und eine Atmosphäre des Vertrauens schaffen. Seinen Bauch sozusagen schutzlos einem anderen zu überlassen, das setzt schon sehr viel Vertrauen und Vertrautheit voraus. Und natürlich jede Menge Einfühlungsvermögen Ihrerseits, denn wenn Sie zu forsch an diesen Körperteil herangehen, zuckt Ihr Partner eher qual- als lustvoll zusammen.

Das schönste Gefühl zu Anfang vermittelt das ›Bauchkreisen‹:

Legen Sie die rechte und die linke Hand flach auf den Bauch Ihres Partners und beginnen Sie mit den kreisenden Bewegungen, die in Sekundenschnelle wohltuende Wärme verbreiten und die Durchblutung in Magen-, Bauch- und Beckenbereich stimulieren. Wenn Sie bei der Massage sitzen, dann legen Sie sich am besten ein paar dicke Kissen in den Rücken und massieren Sie Ihren Partner entspannt von oben über seinen Kopf hinweg, oder – was noch besser ist –, knien oder stehen Sie neben ihm!

So kann auch Ihr Partner Sie genüßlich betrachten und sehen, mit welcher Hingabe Sie auf ihn eingehen. Sie erinnern sich – bei der Partnermassage sollte nichts, überhaupt nichts in Arbeit ausarten. Haut- oder Blickkontakt aber – idealerweise beides – ist ein absolutes Muß!

Um das Massieren des Bauchbereichs auch für Ihren Partner so entspannend wie möglich zu gestalten, können Sie ein Kissen oder noch besser eine Nackenrolle unter seine Kniekehlen legen. Dann ist die Bauchdecke weniger angespannt und aufnahmebereit für die Wohltat Ihrer Hände. Das ›Bauchkreisen‹ sollte immer im Uhrzeigersinn durchgeführt werden, da auch der Dickdarm so verläuft. Beginnen Sie mit kleinen Kreisen direkt um den Nabel und ziehen Sie dann langsam, aber rhythmisch immer größere Kreise bis unter die Rippen und zum oberen Beckenbereich. Wenn Sie mögen, dann können Sie auch beide Hände übereinanderlegen und so ganz behutsam den Druck verstärken.

Verharren Sie ein wenig, sobald Sie die sich ausbreitende Wärme auf der Bauchdecke spüren. Lassen Sie sich und Ihrem Partner Zeit, dieses warme, köstliche Gefühl in sich aufzunehmen, zu inhalieren.

Massieren Sie dann den Bauch quer von einer Seite zur anderen, benutzen Sie dabei Handflächen und Handrükken. Machen Sie Ihre Hände ganz geschmeidig und weich, um unter keinen Umständen den Hautkontakt und damit den Fluß der Bewegungen und der Energien zu unterbrechen.

Von Frauen als ganz besondere Wohltat empfunden wird vor allem das Kneten der Taille. Durch die verbesserte Durchblutung werden Schlackstoffe im Blut schneller abtransportiert, das gerade an dieser Stelle oft träge Gewebe kommt in Bewegung. Der kosmetische Effekt ist nicht zu übersehen: Je öfter Sie in den Genuß einer Partnermassage kommen, desto beweglicher und schlanker wird die Taille. Das Kneten darf ruhig etwas kräftiger durchgeführt werden, weil sonst statt der gewünschten Durchblutung und Anregung des Lymphflusses eher ein Kitzeleffekt entsteht. Und der hat bei dieser Massage nichts zu suchen! Ein energisches Kneten wird selbst von sehr schlanken Menschen als sehr angenehm empfunden.

Nach dem Kneten – das auf keinen Fall in Kneifen ausarten darf – sollten sich unbedingt wieder lang streichende Bewegungen mit Handflächen und Handrücken quer über den Bauch anschließen, um Harmonie und Wohlbehagen perfekt zu machen.

Und auch hier wieder zum Abschluß ein kurzes Verharren beider Handflächen auf der Bauchdecke Ihres Partners, um das Vertrauen zwischen Ihnen beiden noch zu intensivieren und sich und ihm die Möglichkeit zu geben, die vielleicht ungewohnten und daher überwältigenden Emotionen voll auszukosten.

Eine liebevolle Partnermassage geht direkt unter die Haut, wühlt auf. Für Männer, die es immer noch nicht gelernt haben, ihren Gefühlen auch mal freien Lauf zu lassen, ist das alles sehr verwirrend. Denn plötzlich brechen Verkrustungen auf, unbewußt Unterdrücktes kommt hoch.

Deshalb meine Bitte: Nehmen Sie sich Zeit! Nicht das professionelle Ausführen bestimmter Griffe oder Tricks ist es, das eine Partnermassage so außergewöhnlich macht, sondern das Aufeinanderzugehen, das Zeit-füreinander-Haben: »Du bist für mich das Allerwichtigste; ich möchte es dir schön machen. Ich will dir – und damit auch mir – nur etwas Gutes tun.«

Das ist die einzige Botschaft, die Sie vermitteln – und sonst nichts. Alles andere ist in diesen Augenblicken völlig uninteressant und unwichtig!

Ich weiß nicht, wie Sie es empfinden, aber für mich ist Partnermassage die schönste Form der Berührung – denn sie erfüllt alle Sehnsüchte des Menschen nach Zärtlichkeit, Wärme und Geborgenheit. Verwöhnen Sie sich und den anderen mit viel Phantasie und Hingabe. Und wenn Sie dann beide auf den Geschmack gekommen sind, dann hat diese Partnermassage nicht nur in der Entspannung ihren Sinn gefunden – sie war dann das allerschönste Vorspiel zur Liebe!

Beinahe hätte ich hier etwas sehr Wichtiges vergessen: Hände, die massieren und streicheln, müssen natürlich immer zart, weich und auch warm sein. Und überhaupt die Haut – sie soll gepflegt sein und streichelweich. Um das zu erreichen, gibt's jede Menge Cremes, Lotions oder Puder zu kaufen.

Sie könnten sich allerdings auch mal die Mühe machen und für Ihre Streichelhaut selbst etwas mischen: nämlich den hierzu geeigneten Puder.

Getrocknete Zitronen- und Orangenblüten, Ringelblumen oder Pfefferminze, Rosenblätter, Hyazinthe oder Narzissen – oder einfach eine selbstkreierte Kräuter- und Gewürzmischung – werden in der elektrischen Kaffeemühle staubfein gemahlen und durch ein Sieb passiert. Dann wird dieser Kräuter- und Blütenstaub mit der gleichen Menge Talkum oder Maisstärke vermischt:

Etwas Schöneres gibt es nicht – für Ihre weiche Streichelhaut!

Wir Menschen signalisieren und lieben natürlich nicht nur mit Haut und Haaren. Wir können auch eine ganze Menge über uns selbst und natürlich über den anderen erfahren, wenn wir einmal ganz genau aufpassen, welche Farben er trägt, denn diese spielen in unserem Leben eine große Rolle.

Die Lippen sind geschlossen, und so verschlossen will sich das Mädchen auch im ganzen präsentieren. Die vor der Brust verkreuzten Arme, der leere Blick unterstreichen dies. Hier geht nichts!

14

VERRÄTERISCHE FARBEN

Wie gut, daß die Welt bunt ist!

Daß alles um uns herum farbig ist, wird als die selbstverständlichste Sache der Welt angesehen: ob man sich nun verliebt hat und alles durch eine rosarote Brille sieht oder ob einem schlechtgelaunt alles nur noch Grau in Grau erscheint!

Wie sehr die Farben unser tägliches Leben beeinflussen, wie sie uns steuern und leiten und uns unentwegt Informationen weitergeben, das ist allerdings den wenigsten Menschen wirklich bewußt.

Probieren Sie es doch einmal aus, wenn Sie bei Rot an der Ampel halten. Nutzen Sie die Zeit bis zum Grün, um die Farben in Ihrer Umgebung auf sich wirken zu lassen: Da hängt ein Briefkasten in Gelb, geht eine Frau in Schwarz, ein Straßenbauarbeiter in Orange, steht ein Verkehrsschild in Blau...

Jede dieser Farben hat eine andere Funktion, die wir ganz automatisch mit ihr verbinden.

Eine spannende Sache!

Kreißsäle in fortschrittlichen Kliniken sind oft rosa gestrichen. Denn Rosa soll beruhigen, das haben Farbpsychologen festgestellt.

Deshalb werden auch in vielen amerikanischen Erziehungsheimen und Nervenheilanstalten die Räume in diesem Farbton eingerichtet, um aggressive Menschen ruhigzustellen. Es funktioniert: Nach einer halben Stunde Aufenthalt in einem solchen Zimmer beruhigen sie sich tatsächlich.

Die Farbe Gelb dagegen heitert auf, regt an, macht gesellig und aufgekratzt.

Umgekehrt funktioniert das auch. Schwarze Kleidung kann enorme Angriffslust auslösen. Das beweisen beispielsweise amerikanische Football- und Eishockeyteams, die im allgemeinen für ihr Fair play bekannt waren und sonst in roten oder weißen Trikots spielten.

Als sie jedoch in schwarze Kluften geschlüpft waren, gingen sie auf ihre Gegner richtig los!

Daß Rot eine aktive Farbe ist, hat sich inzwischen herumgesprochen. Daraus aber zu schließen, daß in jedem roten Auto einer sitzt, der wie ein Verrückter rast, ist sicher falsch. Bei der Wahl der Autofarbe spielen viele andere Überlegungen eine Rolle: Rot wird gern genommen, weil es eine Signalfarbe ist, und tatsächlich sind rote Autos seltener in Unfälle verwickelt als andere.

Wie nun jeder einzelne Farben empfindet, hängt stark von Alter, persönlichen Erfahrungen und der Tagesform ab.

Wie das Auge Farben erkennt

An die zehn Millionen Farbnuancen kann das Auge unterscheiden. Das Ganze läuft über Stäbchen und Zäpfchen, die Sehzellen auf der Netzhaut des Auges. Die über hundert Millionen Stäbchen sind für hell und dunkel zuständig. Mit den etwa sieben Millionen Zäpfchen nehmen wir die Farben wahr.

Bei großen Entfernungen und in der Dämmerung schränken die Zäpfchen allerdings ihre Funktion ein. Das Auge sieht nur noch Grau und Schwarz: deshalb auch sind ›bei Nacht alle Katzen grau‹!

Haben Sie sich schon mal gefragt, ob ein Baby Farben zu unterscheiden in der Lage ist? Schon vom zweiten Monat an können Babys die Grundfarben Blau, Rot, Gelb und Grün erkennen – eine Fähigkeit, die in der genetischen Grundausstattung des Menschen programmiert ist. Was die Kinder noch lernen müssen, ist die Unterscheidung zwischen Farbnuancen wie Rosa und Orange.

Viele Mädchen und Frauen können mehr Farbtöne unterscheiden als Männer. Die etwas dürftige Erklärung der Wissenschaftler: Buben gingen weniger spielerisch mit Farben um als Mädchen. Für sie seien sie eher Mittel zum Zweck. Mädchen dagegen würden sich früher für Farben interessieren, sich gern mit Lippenstift und Rouge bemalen.

Frauen leiden auch sehr viel seltener an Farbschwäche als Männer. Acht Prozent der Männer sind rot-grün-blind. Sie sehen diese beiden Farben nur als Grautöne. Bei den Frauen sind es nur 0,4 Prozent. Der Grund: Die Anlage zur Farbschwäche wird von Vätern auf Söhne vererbt.

Was Farben in unserem Kopf anstellen

Jede Farbe sendet Licht in einer bestimmten Wellenlänge aus. Diese elektromagnetische Energie wirkt gleich dreifach auf unseren Organismus:

Die Sehzellen im Auge erkennen die Farbe, geben die Information über Nerven und Bewußtseinszentrum im Gehirn weiter. So registrieren wir: Das ist rot, blau oder grün.

Mit den Sehzellen wird ein weiterer Nervenstrang gereizt: die sogenannte energetische Sehbahn. Sie verbindet die Augen mit dem Zwischenhirn, das über Hormone unser vegetatives Nervensystem reguliert. Es bringt Atmung, Herz und Kreislauf in Schwung.

Rund ums Gehirn spannt sich ein Netz feinster Nerven. Werden sie stimuliert, löst das Gefühle wie Sympathie oder Ablehnung in uns aus.

Rot regt an, Blau kühlt ab – warum ist das so?

Rot macht an, putscht auf, regt an. Weil Rot eine verblüffende Wirkung auf den Sympathikusnerv hat, den Ankurbler in unserem vegetativen Nervensystem. Bei Rot steigt der Blutdruck, das Herz schlägt schneller, wir atmen hastiger.

Bei Blau passiert das Gegenteil. Dafür sorgt der Parasympathikus, der Bremser. Er beruhigt uns bis hin zur Schläfrigkeit. Das verleitet doch zum Spekulieren! Man könnte doch aufgeregte Menschenansammlungen mit Blau abkühlen beziehungsweise andere mit Rot fit machen!

Doch so einfach geht das nicht. Es funktioniert nur in Labors, wenn man ganz intensiv einer Dusche mit reinem Rot- oder Blaulicht ausgesetzt ist.

Kann man Farben auch schmecken, hören oder fühlen?

Einige Blinde sollen Farben aufgrund der Wärme, die sie abgeben, unterscheiden können. Bewiesen ist das allerdings nicht! Fest steht aber: Wenn wir etwas sehen, setzt das automatisch auch andere Sinne in Gang, etwa den Geruchs- und Geschmackssinn:

Beim Anblick von frischem Brot läuft uns beispielsweise das Wasser im Mund zusammen, weil wir uns schlagartig daran erinnern, wie gut frisches Brot schmeckt.

Wir verbinden bestimmte Farben und Geschmacksvorstellungen aber nicht nur wegen unserer Erfahrungen miteinander. Vieles ist auch ererbt – sagen Farbpsychologen –, hat sich in uns festgesetzt als Überbleibsel aus der Entwicklungsgeschichte der Menschheit, als es noch lebensnotwendig war, blitzschnell zwischen giftig und ungiftig zu unterscheiden.

Das würde erklären, warum wir bei Rosa, Weiß oder Lilarosa an süß denken, bei Ultramarin, Violett oder Braun dagegen an bitter. Aus dieser Erkenntnis heraus wird Bitterschokolade zum Beispiel oft in braunes Papier verpackt. Saure Drops sind gelb oder grün, rote gelten als zuckersüß.

Und nicht von ungefähr werden Tabletten in bestimmten Farben hergestellt. Blaue Pillen werden weniger gern geschluckt als weiße oder dottergelbe. Schon kleine Kinder glauben, daß roter Hustensaft mehr hilft als brauner.

Wie wir mit Farben manipuliert werden

Immer wieder passiert es, daß wir von Farben genarrt und beeinflußt werden.

So halten wir schwarze oder rote Kisten für schwerer als weiße oder gelbe, auch wenn sie nachweislich gleich groß und gleich schwer sind. Der Grund: Dunkle Gegenstände erscheinen uns kompakter und massiver als hellere. Das machen sich Werbestrategen gern zunutze, um vorzutäuschen, daß mehr drinsteckt!

Farben beeinflussen auch unser Wärme- und Kälteempfinden. Deshalb sind Eisdielen oft blau gestrichen: Wir gehen ja dorthin, um uns abzukühlen, zu erfrischen, und blaugestrichene Räume kommen uns nun mal kühler vor als orangefarbene oder rote. Der Mensch verschätzt sich da um bis zu drei Grad! Mit warmen Farbtönen kann man den umgekehrten Effekt erzielen. Das spielt auch bei der Gestaltung von Arbeitsplätzen eine große Rolle.

Was Farben mit unserer Gesundheit zu tun haben

Wer ständig einseitigen Farbreizen ausgesetzt ist, der wird seelisch und körperlich krank. Stundenlang am Bildschirm zu sitzen und auf eine farbige Schrift vor dunklem Hintergrund zu schauen, macht nervös und bereitet Kopfschmerzen und Schwindelgefühle.

Ob Farben auch heilen können, ist wissenschaftlich nicht bewiesen. Die Vertreter der sogenannten Kolortherapie behaupten, daß man mit Farbbestrahlungen unter anderem Gallenleiden und Herz-Kreislauf-Erkrankungen erfolgreich behandeln könnte.

Mit der angeblichen Heilkraft hat es jedoch nichts zu tun, daß Operationssäle in Kliniken grün gekachelt, Operationstücher von dunkelgrüner oder dunkelblauer Farbe sind: Die dunklen Töne sollen lediglich verhindern, daß das grelle Licht der Lampen vom Stoff reflektiert wird, der operierende Arzt würde sonst geblendet.

International verständlich: die Sprache der Farben

Die Sprache der Farben wird auf der ganzen Welt verstanden. So sind überall die Staatskarossen schwarz, weil diese Farbe nun mal für Würde steht, für Dominanz und Seriosität.

Daß die Menschen weltweit den Farben oft die gleiche Bedeutung beimessen, hat zweierlei Gründe:

Einerseits läßt sie sich direkt von der Natur ableiten. Wie die Redewendung »Der ist ja noch grün hinter den Ohren« oder das englische Wort ›Greenhorn‹, das einen naiven, unerfahrenen Menschen meint, beweisen.

Andererseits haben sich die Menschen weltweit auf Bedeutungen geeinigt – wie beim Rot und Grün der Ampeln.

Daß es aber auch unterschiedliche Auffassungen gibt, liegt an eigenen Farbsymboliken, welche die Kulturen im Lauf der Zeit entwickelten. So trauern wir in Schwarz, weil für Christen der Tod das Ende des irdischen Daseins ist.

Die Inder hingegen tragen als Trauerfarbe Weiß. Denn sie glauben an die Wiedergeburt. Der Tod erlöst sie vom mühseligen irdischen Dasein, gibt ihnen die Chance eines neuen Lebens.

Ich betrachte es als wunderschön, daß unsere Welt bunt ist – daß wir Farben sehen und in ihnen Bedeutungen erkennen können. Denn Farben sind auch ein Signal der Seele.

Was Farben über Sie verraten

Ein Pulli in Lindgrün, eine Bluse in Orange oder ein rotes Kostüm – Farben, die Sie morgens vor dem Anziehen wählen, sind Signale Ihrer Seele, geben Auskunft über Ihre Stimmung, Ihre geheimen Wünsche.

Deshalb: Wenn Sie sich auf ein Flirtabenteuer einlassen, dann achten Sie auf die Farben, die Ihr Gegenüber trägt! Amerikanische Psychologen kamen nämlich in einer Reihe von Tests zu verblüffenden Ergebnissen: Frauen wählen bestimmte Farben, wenn sie einen neuen Partner suchen. Die Farben der Männer hingegen geben Auskunft über ihre sexuellen Wünsche:

Orange

Eine aufmunternde Farbe, die Frohsinn weckt. Eine Frau, die Orange trägt, signalisiert dem Mann: Bitte sei nicht griesgrämig, verwickle mich nicht in tiefschürfende Gespräche – ich will mich heute amüsieren, Spaß haben.

Auf Männer wirkt Orange beruhigend, die Farbe nimmt Aggressivität. Orange mildert auch Prüfungsängste!

Blau

Die Farbe der Ruhe. Doch Vorsicht: Frauen, die gern Blau tragen, wirken zwar kühl und beherrscht, aber unter der Oberfläche verbirgt sich meist ein recht ungestümes Temperament. Blau ist für sie – oft unbewußt – ein Selbst-

Eine weitere Variante, die Unzugänglichkeit demonstriert: Die Brust wird wieder ganz deutlich verborgen und geschützt. Ebenso demonstrativ wird der Intimbereich durch die im Stehen überkreuzten Beine abgeriegelt. Der Blick ist leer, die Lippen sind fest geschlossen, die Gesichtsmuskulatur hängt durch.

schutz gegen geheime Triebkräfte, die tief in ihrem Innern schlummern. Männer sollten diesen Frauen gegenüber nicht unverblümt Wünsche äußern, sondern erst einmal intellektuell argumentieren, weil ansonsten eine Abwehrhaltung ausgelöst wird – wenn auch ungewollt.

Blau bei Männern weist auf ein reiches Innenleben hin. Von ihrer Traumfrau erwarten sie Intelligenz. Wenn sie lieben, sind sie zu jedem Opfer bereit.

Rot

Wir wissen alle, Rot ist die Farbe der Leidenschaft, fördert den Willen zum Leben: Die Golden Gate Bridge von San Francisco wurde rot angestrichen, um die Serie der Selbstmorde zu stoppen – mit Erfolg.

Frauen, die Rot tragen, gehören zu den spontanen Naturen. Häufig ziehen sie schnelles Handeln einer sorgfältigen Planung vor. In ihrer Phantasie geht es leidenschaftlich zu. Eine Frau in Rot freut sich auf eine neue Begegnung – am liebsten aber hat sie es, wenn dieses Treffen als eine romantische Schwärmerei beginnt, voller Zärtlichkeit. Sie will mit Gefühl erobert werden.

Gelb

Frauen in Gelb sind auf den ersten Blick ehrgeizig. Erfolgreiche tragen oft gelbe Kostüme als Ausdruck ihres Intellekts. Deshalb werden Klassenzimmer auch oftmals gelb angestrichen.

Auch Immobilienmaklern ist die Tatsache, daß sich gelbgestrichene Häuser leichter verkaufen, weil sie Heiterkeit ausstrahlen, solide wirken, durchaus bewußt.

Frauen in Gelb sind oft überschwenglich, betören durch ihren Charme, laufen sehr lange auf Hochtouren. Doch manchmal kippt bei ihnen die Stimmung abrupt um. Ein

Mann muß dann wissen: Die Frau braucht für eine gewisse Zeit ihre Ruhe, möchte sich allein regenerieren.

Männer, die gern Gelb tragen, sind zwar geistig sehr rege, in der Liebe aber oft auf der Suche nach einem Märchenwesen – also nach einer Frau, die nur in ihrer Vorstellungswelt existiert.

Grün

Diese Farbe bedeutet Harmonie. Eine Frau in Grün läßt sich nur selten von Aufregung und Hektik in ihrer Umgebung anstecken. Kühle Eleganz zeichnet sie aus. Königinnen wie zum Beispiel Silvia von Schweden tragen gern Kleider aus grüner Seide. Diesen Frauen können Sie zwar ein höfliches Kompliment machen, wagen Sie aber bitte nie eine stürmische Verführung. Ihre Reize und ihre Verführungskünste bewahren solche Frauen wie einen Schatz – nur der Ehemann oder der feste Partner weiß, wie schön es mit ihnen sein kann.

Männer, die mal einen lindgrünen Schlips oder eine Jacke in dezentem Grün tragen, sind treu, zuverlässig, einfühlsam.

Schwarz

Eine Frau in Schwarz wirkt stark und faszinierend. Sie zeigt eine Vorliebe für Tiefgründiges im Menschen – und schreckt deshalb ab und zu die Männer ab.

In der Liebe wählt sie nicht die schnellen Ziele, sondern ist eigenwillig, begeistert sich für raffinierte Umwege. Künstlerinnen tragen privat gern Schwarz – ein Zeichen für Sensibilität.

Männer, die schwarze Kleidung lieben, wollen allein sein. In der Liebe setzen sie alles daran, ihr Gefühl zu verbergen. Ein schwieriger Fall für die Frauen! Am besten sind sie immer noch durch ›Liebe auf den ersten Blick‹ zu überzeugen.

Was immer Sie jetzt über mich denken, ich selbst liebe Schwarz – und dieser Farbe wird so unendlich viel nachgesagt, daß ich Ihnen dazu noch ein paar Dinge erzählen möchte.

Die Farbe Schwarz

Der Priester trägt sie und der Punker auch. Helmut Kohl geht so zum feierlichen Repräsentieren. Die Frau von der Straße benutzt sie zum Animieren. Den Bräutigam kleidet sie und auch die Witwe. Für Richter und Henker ist sie ein Muß – und nur Psychologen denken dabei an seelischen Überdruß.

Schwarz scheint also mehr als nur eine Farbe zu sein. Schwarz hat Tradition, Schwarz kommt nicht aus der Mode. Schwarz ist praktisch. Schwarz ist feierlich. Schwarz macht schlank. Schwarz macht vornehm. Schwarz paßt eben immer!

Dem lieben Gott paßte es übrigens nicht! Seit er beschloß, daß es Licht werde, ist Schwarz sowohl eine Farbe als auch ein Zustand: das Chaos, das Böse, das Dunkle, das Unheimliche. Und genaugenommen handelt es sich nicht einmal um eine Farbe, sondern um eine Fläche, die – fast – alle Lichtstrahlen schluckt und uns deshalb schwarz erscheint.

Fangen wir doch am besten mit dem Nächstliegenden, oder besser dem Nächststehenden, an: Ihrem Kleiderschrank!

Was ziehen Sie an, wenn Sic auf eine Beerdigung gehen? Eben. Und warum? Weil es Sitte ist, und weil Schwarz Trauer ausdrückt.

Mit Trauer hatte die schwarze Kleidung bei Begräbnissen ursprünglich sicherlich nichts zu tun. Vielmehr fürchteten sich unsere Urahnen, daß sich die Geister der toten Seelen an den Hinterbliebenen für deren Gemeinheiten rächen würden. Und um sich vor diesen Attacken zu schützen, hüllte man sich in Schwarzes. Das machte einen unauffällig – vor allem nachts.

Aber erst, als man anfing, sich mit dem Schicksal der Verstorbenen zu identifizieren und sich seines eigenen Todes bewußt wurde, sollte Schwarz ausdrücken, was auch wir heute damit verbinden: Verlust und Schmerz!

Hätte man bei Schwarz immer nur an Trauriges gedacht, wäre es wohl nie in Mode gekommen!

Aber dann scherte sich eines schönen Tages einer den Teufel um alle guten Sitten und führte Schwarz als letzten Schrei am Hof von Burgund ein: Philipp III., auch der Gute genannt. Der war ein ausgesprochen eitler König und wollte auffallen – um jeden Preis. Und wie bewerkstelligte man das am besten zu einer Zeit, in der alle weltlichen und kirchlichen Würdenträger bunt wie Papageien herumliefen?

Natürlich mit Schwarz!

Ob Philipp der Gute sich eigentlich darüber im klaren war, welche Moderevolution er vor über fünfhundert Jahren mit seiner Schockfarbe in Gang setzte? Im Mittelalter galten volle und kräftige Farben als schön und vornehm. Dunkle, gedeckte waren unfein und dem arbeitenden Volk vorbehalten.

Zahlreiche Kleiderordnungen sorgten dafür, daß bestimmte Stände entsprechende Kleider und Farben trugen. Nun hatte sich Schwarz, das im Lateinischen ›sordidus‹ heißt und gleichzeitig ›schmutzig‹ bedeutet, im Kleiderschrank der Feinsten seinen Platz ergattert. Wer was auf sich hielt, kam seitdem so daher: Karl V., in dessen Reich die Sonne bekanntlich nie unterging, das aufstrebende Bürgertum nach der Französischen Revolution, der gepflegte Dandy Mitte des letzten Jahrhunderts, der Vamp in den zwanziger Jahren – und auch wir! Man braucht sich heutzutage nur umzusehen: in der Oper, im Theater, wenn wir feiern. Und auch dann, wenn uns alles zu bunt wird.

Aber da stimmt doch was nicht! Bloß weil der oben erwähnte Burgunderkönig eine gute Idee hatte, wurde aus der geächteten Farbe flugs die Vorlage für unser kleines Schwarzes, mit dem wir das andere Geschlecht betören?

Da muß doch mehr dahinterstecken! Stimmt auch! Damit etwas einen Sonderstatus erhält, muß es auch besonders schwer zu bekommen sein. Und richtiges Schwarz galt damals als die Farbe, die am schwersten zu färben war. Solange man mit den herkömmlichen Mitteln wie Ruß, Asche, Eisengerbstoff oder sogar mit gekochtem Heidelbeersaft färbte, sahen die Stoffe tatsächlich eher schmutzig als schwarz aus. Als die Spanier zu Beginn des 16. Jahrhunderts Mexiko eroberten, entdeckten sie dort den Blauholzbaum. Und mit dessen Säften ging die Schwarzfärberei erst richtig los. Dummerweise färbte Blauholz aber noch nicht tiefschwarz, was die Färber vor neue Probleme stellte.

Da gab es auf der einen Seite die Schönfärber, die laut Zunftordnung nur edle Stoffe mit Naturfarben behandeln durften, auf der anderen Seite die Schlichtfärber, die nur minderwertige Textilien mit minderwertigen Produkten färbten.

Aber weder Schön- noch Schlichtfärbern gelang ein Schwarz, das dem König gefiel. Aus der Not machten sie einen Kompromiß: Die einen färbten edel vor, die anderen behandelten minderwertig nach. Dann mußten noch bis zu zweiundzwanzig Zusatzfarben angewandt werden. Und so wurde durch diese Handwerkskunst Schwarz zu einer extrem teuren Farbe.

Eigentlich merkwürdig. Da zieht sich Schwarz wie ein roter Faden durch die Geschichte des Luxus und der Moden. Aber sein Stellenwert als Symbol für Bedrückendes wiegt schwerer als die anderen Bedeutungen.

Schön, sicher kann man mit Schwarz auch seine Stimmung ausdrücken:

Wenn jemand sein Zimmer in Schwarz streicht, dann vermuten Farbpsychologen, daß hier kein sonniges Gemüt den Pinsel geschwungen hat.

Taucht irgendwo eine Nähnadel mit einem schwarzen Faden auf, glauben manche an ein bevorstehendes Unglück.

Aber davon will ich nicht reden. Erinnern Sie sich noch an die fünfziger Jahre? Da ging man in schwarzen Röhrenhosen, darüber lange schwarze Pullis. Juliette Greco, schwarzhaarig, schwarz gewandet, sang in düsteren Existentialistenkneipen. Später kamen die Rocker in schwarzen Lederjacken. Schwarz und etwas schmuddelig verunsicherten uns dann die Punker. Wer sich in der Sado-Maso-Szene auskennt, der weiß, daß hier schwarzes Leder zur Liebe gehört.

Zu glauben, all diese Gruppen seien aus tiefstem Herzen bitter traurig, wäre ein bißchen simpel. Ihre Vorliebe für Düsteres hat eine andere Tradition, denn Schwarz war schon immer die Farbe schwelender Empörung.

Daß Schwarz auch heute im Alltag immer noch etwas leicht Provozierendes an sich hat, weiß jeder, der sich gern von Kopf bis Fuß so kleidet. Man macht damit auf sich aufmerksam und hält doch gleichzeitig Abstand. Schwarz signalisiert Willensstärke und Strenge. Wer Schwarz trägt, sieht bedeutend aus, strahlt aber auch die irritierende Mischung von Eleganz und Gefahr aus: Schwarze Panther sind schön, mörderisch und erotisch. Schwarz umrandete Augen sind geheimnisvoll. Schwarzhaarige Frauen gelten als rassig, schwarzgelockte und glutäugige Männer als feurig. Und bitte nicht zu vergessen – heute gibt es sogar schon schwarze Präservative. Damit die Verhütung sündhaft schön wird!?

Weil Sexualität und Sünde nach jahrhundertelanger Betrachtungsweise als Zwillingsschwestern daherkamen, wird Schwarz, je näher es der Haut rückt, die ideale Farbe für Frivoles, Kokettes und Verruchtes.

Daß schwarze Schleier und auch kajalumrandete Augen ursprünglich nicht die Männer anziehen, sondern die Geister fernhalten sollten, muß unsere erotischen Illusionen ja nicht zerstören.

Aber ganz aus dem Häuschen – nach außen allerdings vor Empörung – waren anständige Männer und Frauen, als andere Frauen erstmals Unterwäsche trugen, die nicht mehr war, wie es sich gehörte – weiß, baumwollen, kochfest und praktisch –, sondern schwarz, seidig und oft durchsichtig die weiße Haut betonend.

Aber – Schwarz wirkt auch sehr seriös! Priester und Nonnen tragen es. Die sehen standesgemäß in Schwarz nichts Verführerisches, sondern etwas Asketisches.

Dennoch ist auch das schwarze Priestergewand auf einen Protest zurückzuführen. Vergessen wir nicht, daß die katholischen Kirchenvertreter im Mittelalter durchaus keine Kinder von Traurigkeit waren. Die Kirche war prächtig, reich, mächtig und korrupt! Martin Luther wollte sich von solchen Negativeigenschaften absetzen und wählte für die Protestanten Schwarz als Farbe der Besinnung, der inneren Regeneration, aber auch als äußeres Zeichen der Abkehr. Gut zweihundert Jahre später, 1733, wurden in Preußen die farbigen Meßgewänder endgültig verboten. Die Farbe Schwarz als Farbe von Ernsthaftigkeit übernahmen ab der Reformation dann auch die Gelehrten. Noch heute sind Talare von Rechts- und Staatsanwälten schwarz. Orchester musizieren in Schwarz, Kellner servieren in Schwarz. Politiker empfangen in Schwarz. Und Schwarz ist eben auch die Farbe der Sünde: Wenn wir verführen wollen, dann greifen wir zurück auf Schwarz – in Seide und in Spitze!

Ist es nicht wunderbar, was man mit einer einzigen Farbe alles ausdrücken kann?

Allerdings, um auszudrücken – auch ohne Worte, versteht sich –, daß man einen Menschen verehrt oder heiß begehrt oder ihn liebt, muß man sich nicht unbedingt in Knallrot oder in tiefes Schwarz hüllen.

Nein, das können Sie natürlich auch ganz anders mitteilen. Blumen scheinen mir dazu das geeignete Mittel zu sein.

Ganz klar: Sie signalisiert, daß sie sich nicht auf Annäherungsversuche einlassen würde. Die Armbarriere, die leicht abgewandte Körperhaltung, der verschlossene Mund sagen bereits viel. Und besonders auffallend: die verschränkte Beinstellung. Botschaft: »Kein Zutritt! Geschlossen!«

15

WAS BLUMEN SPRECHEN

Ich liebe dich!

Glauben Sie mir – auch wenn Sie alle Signale der Erotik, die Ihnen der andere im Lauf der Zeit so rübergeschickt hat, richtig verstanden haben, Sie können immer noch einen entsetzlichen Fehler begehen und zu guter Letzt noch alles verderben, wenn Sie die falschen Blumen auswählen.

Wenn Sie also einen bunten und duftenden Gruß ins Haus der Angebeteten schicken oder vielleicht sogar selbst überbringen, dann achten Sie auf die Größe des Straußes. Gewaltige Buketts machen zwar Eindruck, wirken aber immer eine Spur zu protzig und zeigen nicht, daß man Liebe und Zuneigung entgegenbringen möchte.

Eine einzelne Rose oder ein kleiner Veilchenstrauß sind oft viel wirkungsvoller!

Bis vor einigen Jahren war es übrigens immer noch das Privileg des Mannes, seiner Herzensdame Blumen zu verehren. Heute kann auch eine Frau einem Mann Blumen schenken – ohne etwa fürchten zu müssen, sich lächerlich zu machen. Welche Blumen eine Frau einem Mann schenken soll, ist individuell verschieden. Aber sehr gern werden von Frauen einzelne langstielige Rosen an die Herren der Schöpfung überreicht. Dazu würde ich Ihnen im Zweifelsfall auch raten – denn mit einer Rose sagen Sie doch wirklich fast alles.

Und damit Sie bei der Wahl der Blumen nicht ins Fettnäpfchen treten, verrate ich Ihnen, was Blumen alles signalisieren können:

Nelken:	Ich finde, du bist außerordentlich nett!
Orchideen:	Ich liebe dich leidenschaftlich, ich verehre dich.
Mimose:	Ich möchte zärtlich zu dir sein.
Lilien:	Wir sind auf dem richtigen Weg.

Fresien:	Du bist einfach zauberhaft.
Weißer Flieder:	Wunderbar, daß es dich gibt.
Veilchen:	Ich verehre dich.
Rote Rosen:	Ich liebe dich!

Ach ja, wenn Sie mit Ihrer neuen Eroberung in einem Lokal sitzen und der obligatorische Blumenmann kommt an den Tisch, dann kaufen Sie nicht gleich den ganzen Korb leer. Erstens gehen die Blumen, falls der Abend erst begonnen haben sollte, in ein paar Stunden ein. Zweitens kann das als sehr dumme Angeberei ausgelegt werden.

Und dann – schenken Sie Blumen, auch wenn kein direkter Anlaß dazu besteht. Und Sie, meine Damen, schenken Sie ihm auch zwischendurch mal eine rote Rose. Sie sparen dann viele Worte – und er ist darüber sehr glücklich.

Vielleicht konnte ich Ihnen etwas helfen, die Geheimnisse der Körpersprache, die erotischen Körpersignale, die wir alle aussenden, ein wenig zu entschlüsseln und zu verstehen.

So schwierig, wie sich das manchmal anhört, ist es doch wirklich nicht!

Sie müssen nur lernen, Ihre eigenen Körperreaktionen genau kennenzulernen – dann werden Sie auch andere besser verstehen.

Gehen Sie also immer mit offenen Augen durchs Leben. Vergessen Sie nie zu lächeln – denn das macht Sie liebenswert –, und lassen Sie Gefühle zu, das macht Sie erotisch. Und genau das wollen Sie doch sein – für das andere Geschlecht!

Der Pantomime Samy Molcho hat zu diesem Thema etwas Wunderbares gesagt, das ich Ihnen nicht vorenthalten möchte:

Nicht genug, daß die Beine im Stehen überkreuzt sind, der Blick abgewandt und der Mund zu ist – die demonstrativ vor dem Intimbereich übereinandergelegten Hände verschließen diese Region vor Blicken, Annäherung und Zugang so eindeutig, daß man sich von diesem Mädchen kaum etwas erhoffen darf.

»Der Körper ist der Handschuh der Seele, seine Sprache das Wort des Herzens. Wenn wir offene Sinne und ein waches Auge für die Signale und Kommentare unserer Körpersprache haben, können viele Gespräche und Begegnungen leichter und erfolgreicher verlaufen. Die Kenntnis der Körpersprache öffnet direkte Wege zueinander und einen freieren Umgang miteinander.«

Die wahren Gefühle des anderen zu erspüren oder zu erraten, das ist der richtige Schlüssel zum Glück und die große Chance zu einem erfüllten Leben zu zweit!

Quellen- und Literaturnachweise

Bierach, Dr. Alfred J.: *Hinter der Maske: der Mensch – Durchschauen Sie Verstellung und Rollenspiel!* Ariston Verlag, Genf/München 1988.

–: *In Gesichtern lesen – Menschenkenntnis auf den ersten Blick.* Ariston Verlag, Genf/München 1990.

Blumenfeld, Esther und Alpern, Lynne: *Smile Connection – Lachen verbindet, Freundlichkeit lohnt sich.* Ariston Verlag, Genf/München 1988.

Bonnafont, Claude: *Botschaft der Körpersprache – Was mehr als tausend Worte sagt.* Ariston Verlag, Genf/München 1979.

Bornemann, Ernest: *Lexikon der Sexualität.* Heyne Verlag, München 1986.

Carnap, Georg von: *Der große Unterschied – Mann und Frau sind nicht gleich.* Ariston Verlag, Genf/München 1990.

Cohen, Sherry, S.: *Magie der Berührung – Die Wirkkraft im Umgang mit Mitmenschen und in der Heilbehandlung.* Ariston Verlag, Genf/München 1989.

Fast, Julius: *Körpersprache.* Rowohlt Verlag, Reinbek 1971.

Fast, Julius und Bernstein, Meredith: *Körpersignale der Liebe.* Rowohlt Verlag, Reinbek 1984.

Frey, S.: *Die nonverbale Kommunikation.* SEL-Stiftungsreihe, 1984.

Good, Nancy: *Wie liebt man einen schwierigen Mann? – Nöte und Chancen einer komplizierten Partnerschaft.* Ariston Verlag, Genf/München 1988.

Krusche, Helmut: *Spontan Ihr Gegenüber erfassen – Menschenkenntnis intuitiv.* Ariston Verlag, Genf/München 1987.

Kurth, Hanns: *Menschenkenntnis auf den ersten Blick – Praktische Anleitung zur Charakterdeutung.* Ariston Verlag, Genf/München 1972.

Lindenthal, A.: *Bewußt erleben – Liebevolle Partnermassage.* Verlag Arthur Moewig, Rastatt 1986.

Molcho, Samy: *Körpersprache.* Mosaik Verlag, München 1983.

Morris, Desmond: *Körpersignale – Bodywatching.* Wilhelm Heyne Verlag, München 1989.

Muir, Charles und Caroline: *Tantra – Die Kunst bewußten Liebens.* Ariston Verlag, Genf/München 1990.

Nidiaye, Safi: *Liebe ist mehr als ein Gefühl – Partnerschaft, Sexualität, Spiritualität.* Ariston Verlag, Genf/München 1990.

Scholz, Prof. Dr. Otto: *Körpersprache – Schlüssel zum Verhalten. Bedeutung und Nutzen der Körpersprache im Alltag.* Wilhelm Heyne Verlag, München 1989.

Senger, Gerti: *Noch einmal mit Gefühl – Was Frauen sich von Männern wünschen.* Ariston Verlag, Genf/München 1986.

–: *Gute Männer sind so! Es wurde noch nichts Besseres erfunden.* Ariston Verlag, Genf/München 1984.

–: *Sinnenfreude, Lebenslust – 100 Regeln für eine neue Sinnlichkeit.* Ariston Verlag, Genf/München 1985.

–: *Was heißt schon frigid! – Intimtatsachen, die auch jeder Mann kennen sollte.* Ariston Verlag, Genf/München 1983.

Stark, Dr. Raymond: *Aphrodisiaka und ihre Wirkung. Geheime Wundermittel und Rezepte für ein aktives Liebesleben.* Wilhelm Heyne Verlag, München 1984.

Thiel, Erhard: *Die Körpersprache verrät mehr als tausend Worte.* Ariston Verlag, Genf/München 1986.

Unseld-Baumanns, Christine: *Partnermassage – Streicheleinheiten für Körper und Seele.* Falken Verlag, Niedernhausen 1989.

Wölfl, Norbert: *Die hohe Schule der Zärtlichkeit – Wie wir sie finden und bewahren.* Ariston Verlag, Genf/München 1983.